菁英教養獨門祕訣

一位哈佛生母親的手札

幽蘭／著

【推薦序】

孩子的成長路

望子成龍，望女成鳳是普天下，不分古今中外的父母心。我國古時的「孟母三遷」，流傳至今，依然是慈母育兒教兒的感人故事，造就了孟子成為古聖賢人。

歲月輪轉，歷史變換，但不變的是父母對子女的殷殷期許。

養育孩子長大，是父母的天職，給他（她）溫飽，就可以像小樹苗般，日漸茁壯。但孩子是朽木，抑良材，卻是父母不能推卸的責任，也非易事。常聽一些年輕的母親抱怨孩子不乖巧，長大又叛逆，不知如何教導這個心肝寶貝，一輩子為他（她）愁風愁雨的骨肉，遑論教導他成為翎翔天際的龍，她成為鵬程萬里的鳳？

但動物學家說，動物都有靈性，有可塑性，何況是萬物之靈的「人」！雖說一樣米飼百樣人，但教導卻能潛移默化改變人的品質，而開創不同的理想人生。「母教」是教導中重要的一環。書中的男孩，是出生在美國的中國孩子，在成長的過程中，面臨了族類不同的挑戰。如何面對這些挑戰，和讀書及生活上的諸般問題，是母子攜手迎接的。

孩子的父母是留學生，同一學校的學長學妹，結婚後到美國讀書。由於經濟不許可，僅靠獎學金生活，小媳幽蘭成了伴讀的書僮，閒時以翻譯、寫稿補貼生活費用。孫子降生，順理成章變為相夫教子的賢（閒）主婦。

孫子由襁褓中的醜嬰兒，隨著歲月的腳步，成長為翩翩少年、青年，而今將近「而立」。他們長期卜居美國，祖孫聚少離多。偶而我們去小住，他是祖父母眼中的寧馨兒，俊少年，質優的孩子。他寫的詩得州長獎，編過校刊，滿玻璃櫃豎立的獎狀、獎牌，這些傑出的表現，和後來考上常春藤名校哈佛，讓我為兒子小媳慶幸，他們夫婦得天獨厚，生了個「質優生」。

直到看了這本教兒手扎，才恍然閒主婦並未閒著，這個小男孩也不是天生的「天質過人」。他也如大多數的孩子，是一塊璞玉。古人說「玉不琢不成器」，只因他有一個「琢玉」的母親，以母愛、母教，把這塊璞玉雕琢成為「器」。

現代的父母，已沒有往昔的「養兒防老」、「子孫光耀門楣」的觀念，只希望子女能自立，有理想，做堂堂正正的人立足社會，對社會有所貢獻。孩子長大了，母親畢業了，是否繳出滿意的成績單，是普天下的母親所努力的。

每位母親都有育兒經驗，有教子甘苦。在現在開放交流的時代，人們處在不同的環境裏，孩子們面臨在成長的過程中，面臨的問題也不同。幽蘭旅居國外多年，夫婦如何陪伴孩子成長，面對諸般問題，寫下手扎，集文成書，希望「準媽媽」、「現任兒童父母」有所借鏡、啟示。

值得一提的是書中「鑰匙兒」、「媽咪，我今天又哭了」、「該不該逼孩子讀書」等多篇文章，談的也是國內年輕媽媽面臨的困擾，且看作者如何面對。

鮑曉暉

【推薦序】

感謝有妳伴我成長

今年年初，由耶魯大學法律系教授蔡美兒創作的《虎媽的戰歌》一書問世，她哪所謂傳統、嚴厲的中國式育兒法，引起輿論諸多迴嚮，有贊成的，也有反對她的。我母親站在反對的一邊，因為她相信一個好母親，用愛和寬容同樣可以教出一個快樂、優秀的孩子。幸好我沒有讓母親失望。

母親三十二年前和父親由台灣移民來美後，一直待在家中相夫教子，和父親攜手撫養我長大。閒暇時，她為多家華文報紙寫稿，特別是在美國發行的「世界日報」。母親寫她移民生活的酸甜苦辣，著墨最多的，則是如何在不同文化、不同育兒方式的地方教養一個孩子。我想當然耳地在她大部分的文章中扮演了重要的角色。

在我幼年時，母親常說些床邊故事給我聽，故事大多取材自格林童話、安徒生童話、以及伊索寓言。當我長大了些，她開始唸她所寫有關我的文章給我聽。我非常喜歡聽母親唸她寫的文章，也遺傳了她愛寫作的基因，成了個不折不扣愛寫作的人。

母親近日彙集她過去多年來發表的有關父母子女親子間有關的文章，準備出一本文集。做為兒子的我特為此書寫序，聊表我對母親的感激之意。媽媽，我愛妳，妳是最棒的！

羅傑

Preface

A book, *Battle Hymm of the Tiger Mother*, written by Amy Chua, a professor at Yale Law School, was published in 2011. Her so-called traditional, strict "Chinese" upbringing received a lot of responses from the media, both positive and negative. My mother stands on the negative side, because she believes that a good mother can raise a happy, well-adjusted child through love and compassion instead of merely strict discipline. Fortunately, I did not disappoint her.

My mom immigrated from Taiwan with my dad thirty-three years ago. She stayed at home, and she and my dad raised me. In her leisure time, she contributed articles to newspapers published in Taiwan and the United States, especially *World Journal*, which is circulated in the United States. In her articles, she wrote about her bittersweet experiences as an immigrant to a new country, especially how to raise a child in a different culture with different concepts of raising children. I thus play a very important role in most of her articles.

When I was a little boy, my mom would often read bedtime stories to me -- stories from the Brothers Grimm's fairy tales, Hans Christian Andersen's fairy tales, and Aesop's Fables. As I grew a little older, she would read her articles to me, and I would greatly enjoy listening to my mother's stories. My mother has passed on her author's genes to me, as I like to write as well.

My mom has recently gathered together various articles about the relationship between parents and children that she has written over the years, and she plans to publish a collection of these articles. I am writing the preface for this book to express my gratitude to my wonderful mom. Mom, I love you. You are the best.

Roger

CONTENTS

管教戰

管教子女，夫妻間的協調和一致性是非常重要的。

朋友向我訴苦，說她和先生自由戀愛結婚，兩人情投意合，從未發生過口角；可是自從有了孩子，尤其孩子上了初、高中後，為了孩子管教問題，兩人齟齬不斷，而且愈演愈烈，要不是夫妻感情基礎深厚，怕不早就勞燕分飛了。

朋友的心境我很能體會。因為我家也有個需要管教的小兒郎，從胎教到小兒郎出生後的言行舉止、生活習性、待人接物、求學交友，老公和我似乎都有一套自以為是的管教方法，偏偏此二法又不盡相同，雖然兩人盡量異中求同，但偶爾仍難免會「擦槍走火」，爆發一場場傷感情的管教戰。

其實，夫妻來自不同背景的家庭，受不同的教育，有不同的生長過程，更有著不同的個性，對事情的想法、看法、做法自然不可能相同，對子女管教的態度和看法，想當然耳的會有差異。就拿老公和我來說，我是個膽小怕事的人，遇事能讓就讓，能躲就躲，標準「息事寧人」型的。先生則不然，他不畏強權，認為吃虧絕非占便宜，委曲也未必能求全，是個「有理必爭」之人。所以，當獲知兒子在外受人欺侮時，我的直接反應是先檢討兒子，看錯是不是在他？等確定他確實無辜受欺後，則往往會勸他得饒人處且饒人「算了」。而他爸正好相反，他會叫兒子反擊回去，因為忍讓只會姑息養奸。一樣的問題兩樣迴然不同的做法，兒子傻眼了，不知該聽老媽的「認了」，做個老爸眼中的懦夫？還是聽老爸的「打回去」，做個老媽口中的野蠻人？幸好老公和我及時察覺到他的迷惑，兩人各讓一步，當機立斷下達了三人都能接受的「指令」：下回再有人欺侮你，能忍就忍，不能忍就勇敢地反擊回去。

由此可見，管教子女，夫妻間的協調和一致性是非常重要的。當意見不同起衝突時，須冷靜溝通，要知夫妻倆爭得面紅耳赤，不但傷了夫妻情，也讓子女無所適從，更讓他們有機可乘——以其矛（「爸爸說的」）攻其盾（「媽媽講的」）——增加日後管教的困擾。再說，管教子女，無非是想教他們認清是非黑白，希望他們堂堂正正做人，那麼，只要訊息傳達到，也奏了效，夫妻管法誰對誰錯，誰好誰壞，誰贏誰輸，又有什麼關係呢？

安全毯

毯上熟悉的味道，能帶給孩子安全感。

到朋友家去看她那五個月大的小胖妞，一進門，就見朋友抱著小傢伙走來晃去，一副手足無措的樣子。原來小傢伙不知怎的，一早起來就吵鬧不休，奶不好好吃，覺不好好睡，只是一個勁地哭鬧。我接過孩子，見她臉色紅潤並沒發燒，也沒出疹現象，尿布也是乾的。

「我看我還是帶她去看醫生好了。」朋友見我似乎也看不出所以然來，急了，邊說邊去找醫生的電話號碼。就在此時，我注意到小傢伙平日不離手的小紅氈子不在身邊。

「她的小紅毯呢？」我問。

「拿去洗了。」朋友答。

「妳去把它拿來，看問題是否出在那條毯子上？」我說。

朋友狐疑地由烘乾機中取出小毯，我把它塞入小傢伙懷中，只見她小手一陣猛抓，接著逐漸平靜下來，沒多久便酣然入夢了。見朋友張口結舌的驚愕相，我笑說：「記得《花生幫》卡通影集裡那個一嘴吮拇指，一手拿毯子的Linus嗎？別小看那條小毯子，它可有個赫赫有名的名字——Safety Blanket（安全毯）。」

第一次見識到小毯子的魔力，是十多年前初來美國時，一位美國朋友邀我去逛街，回程中，她那十個月大的兒子在後座突然無緣無故地鬧起來，朋友回頭一看，驚道：「糟糕，他的安全毯不見了。」說罷，火速駛回購物中心，挨家挨店地找。我好奇地問那條毯子是否有什麼紀念價值，否則丟了換一條不就得了，何苦那麼緊張？

朋友解釋：那條毯子雖然極其普通，但卻是她兒子的「寶貝」，從他呱呱落地起就跟著他，一刻不能離手，要是真丟了，他保證會鬧得全家好一陣子不得安寧。幸好我們運氣不錯，在一家服飾店找到。說也神奇，當小傢伙一碰到那條毯子，馬上不再浮躁、沉靜了下來。

多年後，我自已有了孩子，初時，光是伺候他吃喝拉撒已弄得筋疲力竭，哪記得什麼安全毯。直到有一天我把他弄髒的毯子拿去洗，被他鬧了一整下午，才猛然想起「安全毯」這碼子事。之後，保持安全毯的整潔、完整與「安全」，便成了我們的重責大任之一。好在在我們細心維護下，第一條毯用了三年多，直到它爛到不能再爛，才在我們軟硬兼施之下，換了另一條幾乎一模一樣的毯子，而每晚臨睡前，那小子非得再三親吻他的舊毯，並疊好放在枕邊，才肯安心去睡。

安全毯，顧名思義，就是能帶給孩子安全感的毯子。通常是小孩子由嬰兒時起使用的第一條毯子，或許毯上熟悉的味道與感覺，使他們不知不覺中對它產生了信賴與依賴，以致難以釋「手」吧！許多聰明的父母，為免安全毯日後帶來的不便與困擾，常在孩子出世前，未雨綢繆地備妥一式一樣的毯子多條，替換使用，讓他們不致迷戀某一特定的毯子，這樣「戒」起來也就容易多了。

孩子當眾撒野時

孩子欲以撒野，達到他「為所欲為」的目的。

做父母的大概都有這種經驗，帶孩子——尤其是小小孩——出門逛街或購物，孩子一個不稱心如意，當街撒起野來，又是雞貓子喊叫，又是拳打腳踢，惹來眾人圍觀，弄得父母灰頭土臉，不知該哄？該罵？該打？還是趕緊夾著尾巴落荒而逃？

記得兒子小時，有一陣子，每次帶他外出，總是乘興而出敗興而歸，究其原因，如出一轍——兒子興之所至，想做某事（特別是要買某物），我們要是

「識相」，乖乖首肯，那麼萬事ＯＫ，大夥皆大歡喜；否則不然，好戲立即上場。他小子不是直起嗓門，哭得幾里外都聽得見，就是躺在地上耍賴皮。為免尷尬場面持久，引來他人側目，十之八九我們都順他心意了事。但回到家，想到兒子方才的乖戾不馴，心中不免有氣，少不了把他臭罵一頓。而他，「識時務者為俊傑」、「兵來將擋，水來土掩」，我們怎麼罵，他就怎麼受，並再三保證「下不為例」。可是真到「下次」時，他又故態復萌，舊事重演一番。

兒子撒野事件一再重演，令我們煩不勝煩，也讓我們不免懷疑起自己是否有「姑息養奸」之嫌。為免縱容帶來後遺症，我們痛定思痛，決定以嚴法治他。首先，出門前，我們一定明確地告訴他，我們去哪，做什麼，待多久，什麼東西他不可以買，什麼事他不可以做，要是無理取鬧，會受什麼樣的處分。初時，他惡習難改，一不高興，依然撒野如常；而我們，每當和他有理講不清時，不再委曲求全，而是二話不說地抱起他就往回走。他呢？大概沒想到老爸老媽真的會「說到做到」，當場傻眼，氣焰頓時消了一半，等抱到車裡，早像鬥敗的公雞，大氣都不敢喘，更別說再鬼哭神號了。

自從我們施行「只要撒野，馬上回家」的鐵腕政策後，兒子的撒野行為有了顯著的改善。雖然剛開始或許由於「健忘」或為探試我們治他的決心，偶爾他會故伎重施，但等發現我們絕不妥協的堅決態度，明瞭到撒野不再管用時，他也就將此法逐漸棄而不用。我們也總算不必再為兒子突如其來的吵鬧不聽話，不知該笑臉迎人地用中文罵他？暗中擰他屁股以示懲戒？還是棄甲曳兵，任他宰割而大傷腦筋。

由和兒子「鬥法」的歷程，我得到這樣的結論：孩子撒野，為的是以此伎倆達到他「為所欲為」的目的，父母若因顧及顏面而讓他們予取予求，他們食髓知味，日後定會變本加厲。反之，若父母堅持，「不准就是不准」、「再吵就回家」，而且言出必行，孩子幾經試探，發現撒野不再使其「陰謀」得逞，反帶來責罰，聰明的他們，自然也就不會再「以身試法」，自討沒趣了。

再談孩子當街撒野

事前的溝通與原則的堅持，是杜絕孩子當街撒野的祕訣。

去玩具城替小姪兒選購生日禮物，在放各式玩具汽車的架子前，瞥見一個約莫五六歲大的小男孩，正在央求他母親替他買一輛警車。

「不行，你家裡的車子已經夠多了！」母親答。男孩見母親不允，心生不滿，開始大聲吵鬧。

「我說不買就是不買，你吵也沒有用。」母親垮下臉說。

母親變臉，男孩並未生懼，反而發起飆來，抓起警車丟入母親的推車中。

說時遲那時快，母親的大巴掌已打在男孩的小手背上。男孩先是一愣，繼之嚎啕大哭，在旁見狀的父親慌忙上前勸哄。這不哄還好，一哄，男孩哭得更起勁。受窘的父母見側目者漸眾，索性放下手中買好的東西，由老爸一把抱起已躺在地上打滾的小無賴，「扛」著出店。一路上，男孩又哭又打又踢，老爸、老媽則是紅著臉、低著頭，像是兩個做錯事的大孩子，落荒而逃。

無獨有偶，在排隊付帳時，又瞧見另一幕因孩子撒野令父母受窘的情景——一個三歲左右的小女孩，在母親付帳時，隨手拿起一包泡泡糖，任憑她母親怎麼說，就是不肯鬆手。她母親沒輒，只好強取，結果惹來小女孩一陣呼天搶地的哀號。母親招架不住，唯有臉紅脖子粗地將糖重新塞回女孩手中，悻悻地付了帳，抱起破涕為笑的女孩匆匆離去。

孩子當街撒野，這大概是為人父母者最不樂見，卻又免不了會遇到的尷尬事。那時，在眾目睽睽下，哄罵顯然已難奏效，打怕惹事上身，屈服又怕姑息養奸造成不良後果，窘迫難當的父母，剩下唯一能做的，恐怕就只有「三十六計，走為上策」了。

其實，要想根除孩子當街撒野的惡習，並非絕不可能的事，只要做父母的用點心思即可。首先，父母應盡量避免「刺激」孩子，比方在他們不喜歡的地方逗留太久，或領他們去他們喜歡的地方——糖果店、玩具店或遊樂場所，卻只准看，不准買也不准玩。其次，出門前，不妨和孩子約法三章，明確地告訴他們此次出門的目的，什麼可買，什麼可做，不聽話時又會受到什麼樣的處罰。最後，也是最重要的，就是要能堅守原則絕不妥協，當他們明知故犯時，要讓他們得到應得的懲罰，好比立刻打道回府，或短時間內不再帶他們外出。

現今的孩子都很聰明，當他們發現哭鬧並不能幫他們達到目的，反而會受到責罰時，自然也就不再會肆無忌憚地當街撒野了。

孩子在學校受欺侮時怎麼辦？

孩子被霸凌，父母絕不可坐視不管。

小山半年前由台灣移民來美，由於英文能力不足，個子又小，在學校老被同學取笑與戲弄。一日，一位同學又怪聲怪氣拿話羞辱他，他忍無可忍，一拳就揮了過去，這一揮，立刻被學校勒令停課三天以示懲戒。「聽說美國孩子很賤，你愈兇他愈服你，你愈退讓，他也就愈欺侮你，希望小山這一拳，能打出別人對他的尊重。」小山的媽對我提及此事，又惱又憂但卻滿懷希望地說。小山這一架是否能打出別人對他的尊重？未可得知！但可確定的是：他這一拳，替他在自己的紀錄上，揮出不很光彩的一筆。

我兒自幼厭惡暴力，加上我不喜歡他與人爭執，因此練就他一身忍功。好在他雖內向好靜，但因功課雖好卻不驕縱，且樂於助人，所以小學六年下來，倒也相安無事；到了初中，偶爾被同學碰撞推擠，他一忍也就過了。直到有一學期的體育課，從一開始，一位坐在他後面的同學，每當老師點名時，就用地上的碎石丟他和其他的同學。別的同學不甘示弱，不是回罵就是回丟，只有兒子默默地忍受。但兒子忍受，並不表示他接受。回到家來，他氣憤難平地頻頻向我抱怨。我觀察了一陣子，發現那個孩子絲毫沒有休止的跡象，兒子又不肯接受我的建議——反擊回去或告老師，決定不能再袖手旁觀，於是在徵得兒子的同意後，和先生一塊去見校長。

校長聽了我們的陳述，承認學校的確有那種專門喜歡欺侮同學的學生，她很高興我們及時向她反映，表示馬上會去處理，並保證絕對守密，絕不會提兒子的名字。校長果然是說到做到的人，次日快刀斬亂麻，當機立斷將該生轉至其他班上，兒子也總算結束他那擔心受怕不高興的日子。

孩子在學校受人欺侮，做家長的該怎麼辦？視為成長過程中必經的一環，一笑置之？還是任由孩子自行解決？抑或出面替他「擺平」？老實說，在決定去見校長前，我的內心也經過一番掙扎。

其實，我是希望兒子能自己解決，希望他有勇氣站到那男孩前，指著他的鼻子大聲說：「你要再敢惹我，別怪我不客氣！」或者到老師那「告狀」。只是，我很清楚，依他的個性，兩者他都辦不到。此時我們再執意置之不理，難保他不會像小山那樣，突然爆發出來，做出跌破大家眼鏡的事來。

過去常聽許多人說，孩子在成長的過程中，應該讓他受些挫折、跌幾跤，這樣他才長得快、長得壯，也才能訓練他獨立自主的能力。只是，每個孩子的個性不同，有的孩子受了挫折毫不在意，有的卻一蹶不振；有的孩子跌倒了，拍拍屁股一骨碌地就站了起來，有的則倒地不起。所以，在訓練孩子「受挫折」時，做父母的得格外小心，千萬別弄巧成拙。

總之，孩子在學校偶爾被同學欺侮，在所難免，只要無傷大雅，也不必大驚小怪。但，一旦發現孩子因受欺侮而影響他上學情緒，或造成他的心理負擔時，就必須馬上加以疏導並妥善處理，切勿任由其發展，以致小事變大事，最後到一發不可收拾的地步。

老師傲人的學經歷，和良師之間不一定能劃上等號。

媽咪，我今天又哭了！

臨睡前，兒子輕聲對我說。話雖輕，卻如緊箍咒，一下勒得我心好緊。待聽了他的下文：「小傑今天從鞦韆上摔下來，流了好多血，看他痛得一直哭，我忍不住也哭了。」這才吁了口氣，親吻他道：「明明好乖，好有同情心。放心好了，小傑不會有事的。」兒子聽了，安心地入睡，我卻忍不住的想……

兒子是我老蚌生珠，在而立之年剖腹取出的一塊心頭肉，對這麼個得來不易的兒子，我們自是寵愛有加。也就因為寶貝，不放心假他人之手照顧，直到他四歲多，我們因有感他需要有朋友為伴，才左挑右選替他找了所「名校」，送他上學去。

兒子上學是件大事，頭一天，我緊張地在教室外守了一上午，生怕初次離手的他心理不適應。結果沒想到他表現得出人意料之外的好，既沒哭也沒鬧，反倒怡然自得很高興的樣子，讓我在驚喜之餘，竟有絲絲的失落感。然而好的開始並非成功的一半，太平的日子過了沒有一個星期，一天，學校來電，說兒子突然「無緣無故」地大哭起來，而且一發不可止。待我聞訊趕至，他早已哭成了淚人兒。

帶回兒子，費了好大的勁才止住他的淚。問他好端端地為什麼要哭，他不假思索地說：「老師太mean！」我一愣，問：「老師罵你了？」他搖搖頭，我說老師沒罵你，你為什麼說她mean？」他答：「她罵別的小朋友，好大聲，好mean，我討厭會罵人的老師！」我聽了有些啼笑皆非，想了想說：「老師為什麼要罵那些小朋友？是不是他們不乖？」兒子猶豫地點點頭，我笑道：「這就對了，小孩子不乖就要管，老師罵他們，也是為他們好，你說對不對？」兒子勉為其難地點點頭，但不悅與不服仍明顯寫在他的臉上。

在我軟硬兼施下，兒子又回到學校，但笑容自此也由他臉上消失。雖然我千哄萬勸，解釋再解釋，他每天仍是臭著臉出，苦著臉回，不時還會對我說：「媽咪，我今天又哭了！」問他：「為什麼？」他總答：「老師太mean！」而mean的對象又總不是他。說實在，兒子的老師海倫小姐的確「很兇」，對調皮搗蛋的學生，即便在家長面前也從不假以慈顏。但她負責，教學認真，兒子從她那確實學到不少東西。更何況她班上二十多個小鬼頭，其中不乏自小就在幼稚園打滾的老油條，老師嚴，對像兒子這種內向乖巧的孩子也不無保護的作用。因此雖然「媽咪，我今天又哭了！」幾乎成了兒子的口頭禪，我並沒有放在心上，總想：「再過一陣子他習慣、明白就好了。」直到那一天！

那天朋友的女兒過生日，邀約了十多家老中同慶，飯後茶餘，有人建議替孩子們來張合照。大人附議，小孩卻跑的跑、跳的跳沒人理會。有位媽媽急了，站出來吼大罵小，要大家快快站好。就在一片混亂中，我看見兒子突然跳起來，指著那位媽媽咬牙切齒地嚷：「妳這女人！」頓時全場一片肅靜，場面甚為尷尬。我趕緊把兒子帶開，輕聲斥責他：「你怎麼對阿姨那麼沒禮貌？」兒子氣鼓鼓地答：「誰叫她罵人！」我說：「她又沒罵你！」誰知我這麼一說，像是挑破他長期抑壓的不滿情緒，只見他脖子一硬激動地說：「罵別人也一樣。她為什麼要罵人？她就跟海倫小姐一樣，好兇，好會罵人，海倫小姐把小朋友都罵哭了，小朋友哭了，她還一直罵，還叫他們不准哭。她好壞，好mean。她恨小孩子，她是老巫婆。我討厭她，我也好怕她……」兒子嗚嗚地哭了起來。他這一哭，像警鐘般敲醒了我，我驀然警覺到海倫小姐對兒子造成的心理傷害有多深。我主觀專橫地以為他在學校只要不受欺侮，能學東西，即使老師再兇，只要不兇到他頭上也就「安啦」，而完全忽略了他的感受；壓根忘了他還是個不滿五歲的孩子，忽視了在他幼小純真的心靈中是容不下半點暴力。即使那種語言的暴力不是針對他，但老師那張罵人的嘴臉、傷人的話語，以及同學受傷的模樣、傷心的眼淚，在在使他產生不安、恐懼與排斥感。望著兒子那張摻著憤怒、恐慌與受傷的小臉，我的心如刀割，為自己的未盡母職慚愧地無地自容。

兒子一場近乎告白的發洩，讓我意識到問題的嚴重性。亡羊補牢猶未為晚，事不宜遲，隔日我便去見園長，開誠佈公地和她談。園長聽畢，承認海倫小姐管教是嚴了些，但沒想到會對兒子造成如此嚴重的影響，當下建議替他轉到隔壁班。隔壁班的蘇珊太太我是知道的，胖胖的身材，圓圓的臉，見人總是笑瞇瞇。過去我去接兒子，總見她摟這抱那，心想像這樣媽媽型的老師應該很適合兒子才是，乃欣然答應。

事後證明我當機立斷（雖稍嫌遲了些）替兒子轉班是明智而必要之舉。兒子自換進蘇珊太太的班上，在她如沐春風愛的教育下，賴床不肯上學的情形不復再見，回家也漸能笑談學校種種；更重要的是，對老師的恐懼感漸減，對學校也不再那麼排斥。

像許多愛子心切的父母一樣，我也相當迷信名校，以為只要送進像這種「師資優良」的學校，就如同替孩子買了張「健康、快樂、成功」的保票；殊不知老師「傲人」的學經歷和「良師」之間並不一定能劃上等號，孩子對他們教學方式與態度能否接受以及接受的程度，才是我們做家長所應注意的。幸而我及時察覺到自己的疏失，在兒子變成「拒絕上學的小子」前，及時彌補過來，否則後果如何，我是連想都不敢想！

教孩子讀書，晚不如早

孩子提早受教好處多，但切勿揠苗助長。

小弟的兒子聰敏過人，三歲的小人兒，能說會道，有事沒事總喜歡拿起報刊雜誌有模有樣地閱讀。面對這麼個「好學不倦」的寶貝，小弟夫婦自然既驚又喜，但同時又有幾分惶恐，不知該如何「應付」這個「小天才」——是正式教他識字讀書？還是讓他順其自然地發展？方不致有虧父母職守。

一如小弟夫婦，許多做父母的對是否該提早教孩子識字讀書，存有幾分疑惑。教，怕揠苗助長，奪去他們歡樂的童年；不教，又怕沒能及早發掘他們的潛力，埋沒了天才。真是教也不對，不教也不對，愁煞了望子成龍望女成鳳的父母們。

我兒識字識得相當早，兩歲多迷上《芝麻街》後，對英文字母和數字簡直著了迷，不但朝讀夕唸，還有樣學樣地寫將起來。我見他讀書興趣如此高昂，便替他買了幾本習字簿回來臨摹，同時由圖書館借來大批讀物，一本一本的唸給他聽。當時我們住在公寓二樓，每天上下樓梯，我們同數一、二、三……在公寓門口等他爸下班，對著過往車輛，我們輕唱著……三十五、三十六……如此日積月累，到他上小學一年級，他各式英文字母和簡單的加減乘除早已會了。因而，在學校，他被稱為「小博士」，智力測驗亦將他評為特優生，學生生涯一路行來，順暢得意。

由兒子的例子看來，提早教小孩子念書，至少有兩大好處：

一、由於沒有壓力，父母比較能寓教於樂，耐心地教導孩子，同時對孩子的表現，也較能以寬容的心加以誇讚。比方一個七歲的孩子，若仍無法由一數到十，做父母的必定急得雞飛狗跳猴子叫，對孩子絕不會有好臉色。但，若一個兩歲的孩童不會數數字，父母一定不會在意；因為心想來日方長，慢慢地教，遲早有一天他會的。反之，若他能流暢地數出，父母一定欣喜若狂，情不自禁地誇孩子「聰明」、「能幹」；孩子感覺出父母的喜悅，由他們的讚美中得到鼓勵、肯定，對學習必定更有信心，興趣也必定更為濃厚。

二、由於孩子提前受教，學得早，到學校，很多東西對他來說，早已滾瓜爛熟，比起別的孩子，顯得「博學多聞」。因之，不但學校功課應付起來得心應手，更因他的表現超前，較易得到老師與同學的「重視」、「喜愛」、「崇拜」，在片片讚美聲中，他對自己將更有信心，也更能、願意將潛力發揮出。

總之，所謂開卷有益，提前教孩子讀書，在沒有競爭的壓力下，比較能心平氣和地慢慢開導他們；而孩子所學的點點滴滴，對他們日後就學，將有很大的助益。不過，有一點父母必須切記，那就是教孩子念書，必須看他們的意願，視他們的能力，千萬不可「求好心切」而「本末倒置」，提前上演「三娘教子」一劇，那就非孩子之福了。

養成孩子放學做功課的習慣

孩子做功課，父母不可置身事外。

參加兒子班上家長座談會，會中討論最熱烈的話題，莫過於孩子們的家庭作業。「要他做功課就像要他的命。」「每次做功課都哭哭啼啼的。」「也不知道是功課多還是他動作慢，總之看他功課老做不完。」……家長們互吐著苦水，並希望有「高手」能挺身而出「指點迷津」。或許是兒子功課好，家庭作業又從來沒有遲繳、少繳，或不繳的紀錄，班導師於是「推薦」我出來發表「高見」。突然被點到名，受寵若驚之餘，我只有「蜀中無大將，廖化做先鋒」，野人獻曝地把平日指導兒子做家庭作業的方法，重點式地提出供大家參考。

要想孩子快快樂樂做好功課，最重要，也是首要的，就是養成他們一放學就做功課的習慣。美國小學下學雖早，但回到家通常也都三點左右，這時候如果不趕緊把功課拿出來做，而任由東摸西弄外帶吃喝拉撒，很快就混到吃晚飯時間。等吃過晚飯，全家團聚一堂看電視聊天，身為家中「一份子」的「他」，自然更無心做功課。如此一來，等到他「想到」要做功課，恐怕已是夜深人靜，瞌睡蟲來訪時。在那種情形下，叫他們哪能不「吵著功課做不完」、「哭哭啼啼」，或「功課未成，人已睡」呢？因此，最好能養成他們一放學就做功課的習慣。初時他們或許會以哭鬧做為抗拒，但只要父母耐心相勸，並堅持原則絕不妥協，等他們發現「哭鬧無輒」，明白「早晚都得做，晚不如早」，再嚐到「無債一身輕」的喜悅（很多學校規定家庭作業沒做完的學生，下課遊戲時間必須留在教室補功課），自然逐漸就會屈服，繼而養成習慣。

所謂：「工欲善其事，必先利其器。」要想孩子功課做得既好且快，必須提供他們良好舒適的寫字環境，包括寬大的桌面、高矮合宜的桌椅、充足的光線、安靜的場所，以及齊全的文房四寶——包括字典、紙筆、橡皮擦、尺子、削鉛筆的刀子，如此不但使他們不致因坐不舒服、找東西或聲響而分心，更可提高他們寫功課的效率。

除了以上兩點，還有一點必須注意的，就是父母從旁的輔導。小孩子做作業遇到問題是稀鬆平常的事，父母應耐心給與解說教導。若父母太忙或幫不上忙，可叫他們打電話請教班上功課好的同學，或將問題標出隔天到學校請教老師。總之，指導他們一條解決之途，不要碰到問題不理不睬，或動輒打罵，責怪他們「上課不好好聽講」、「這麼容易的都不會」，久而久之，迫使他們視做功課為畏途。

有人說，孩子成績的好壞，常反映其父母加諸在他們身上的心力。這話其實倒也不假，有心的父母對孩子的課業，絕對不會袖手旁觀、不加以輔導的。

孩子的恐懼感

父母的愛與關懷，是幫助孩子克服恐懼的良藥。

好友潔五歲大的兒子小凱，自年前隨全家移民來美後，就變得怯懦拘謹，長期以來見人就躲，一不見潔就哭，弄得潔苦惱不堪。「這麼大的孩子動不動就哭，怎麼得了！」「膽子這麼小，一點也不像男孩！」「我真不知道他在怕什麼？」「妳說怎麼辦？」潔又氣又急，到處求良方以解小凱的「恐懼症」。

孩子膽怯害羞，面對迎他而來的美好世界怯懦地不敢踏出腳步，的確令望子成龍、望女成鳳的父母擔憂。而面對這樣的孩子，做父母的該如何去瞭解、疏導以及幫助他呢？

害怕，對某事心存恐懼，這是我們每個人都曾有過的經驗，不足為奇。事實上，往往也就因為有這種情感的存在，使我們產生警覺性，因而避開了許多可能發生的危險。比方說孩子見到狂吠的狗會怕，本能地就會躲，自然也就減低了被狗咬傷的可能性。不過我們在處理孩子的這類情感時得特別小心，切忌矯枉過正。不要說為了要孩子在過馬路前看清來車，故意誇大被車撞的危險與可怕，結果造成孩子因怕而不敢過馬路的反效果，那可就得不償失了。

孩子在成長的過程中，會遇見許多令他懼怕的事物，這是可以預期的。因為他的世界不斷地在擴大，而每當歷經一個新的階段、新的境界，新的疑惑與不安也就自然隨之而起。一如我們成人，在面對新的環境、新的工作也會惴惴不安一樣。更何況孩子的智慧有限，判斷力差，加上豐富的想像力，許多明明沒事的事、不存在的危險，經過他們的眼睛、透過他們的腦袋，卻都成了可怕，甚至會威脅到他們生命安全的恐怖事物。

成長需要時間，做父母的不必操之過急，所謂：「欲速則不達。」不必硬逼著孩子非得在某一特定的時間，去克服某種你認為他不該有、而他偏有的恐懼感。比方說五歲大的孩子不敢騎旋轉的木馬，你不必因為：「人家小華兩歲都敢騎，你有什麼好怕的。」硬逼他非騎不可，結果輕則孩子嚇得哇哇大哭，重則他這輩子見到木馬都怕。而木馬只是一個例子。很多時候父母為了急於要孩子卻除恐懼，不管三七二十一非逼著他去面對它不可，結果弄巧成拙，造成更大的遺憾。

孩子的恐懼感，有的來自他自己的想像。想像衣櫥裡有個會吃人的老虎，想像燈影是個披頭散髮的女鬼……更多的則是來自父母的影響。比方說父母怕孩子生病，這不准吃，那不准喝，久而久之，孩子就會見食物生懼，生恐吃了不該吃的東西生病；又如父母怕孩子受傷，這不准玩，那不准碰，久而久之，孩子自然也就什麼都不敢做了。因為他會認為，做那些事一定很可怕，否則父母為什麼要禁止他做呢？

有些父母有事沒事喜歡嚇唬孩子。「你不聽話，警察會把你抓走喔。」「你要是不吃藥，醫生會給你打針，打針可是很疼的喲。」帶他去看恐怖電影，講鬼故事給他聽，要不然就是逗他：「你是從垃圾堆撿來的。」「你是迷路的小外星人，我們看你可憐才把你留下。」孩子還小，分不出事情的真偽，以為他所見所聞都是真的。雖然事後你跟他解釋，電影、故事都是假的，你說的也只是逗他玩的，可是對人對事的恐懼感已深入其心，想要祛除豈是易事，解釋只有徒增他的困惑罷了。

父母對子女期望過高，也會引起孩子的恐懼。這就是為什麼許多孩子怕考試，怕嘗試新的事物，因為他們怕考不好、表現不好讓父母失望。我讀初中時有位同班同學，人長得漂亮，功課又好，老師同學都非常喜歡她。可是初三，她卻進了瘋人院。究其原因，原來她是家中唯一「會念書」的孩子，父母對她不免寄望過高，結果害得她雖然每學期都考第一名，卻患得患失，唯恐稍一鬆懈退步，讓父母不高興。這麼好的一個女孩就這樣毀了，實在令人惋惜。

有些父母認為膽小是懦弱的表現，為了幫助孩子「勇敢」地成長，常用激將法去刺激他：「你又不是女孩，只有女孩才怕蜘蛛。」「小平三歲就會騎腳踏車，你快五歲了連三輪車都騎不好，丟不丟臉。」「這麼大的女孩還怕黑，看妳表妹比妳小早就不怕了，難道妳連她都不如嗎？」希望利用他好勝、好強、好面子的心理，去克服他心中的恐懼。可是孩子在心有所懼時，內心已夠惶恐無助，若使他唯一仰賴支柱的父母在這時非但不安慰、同情他，反而拿別的孩子，尤其比他小的孩子來恥笑他，他的自尊與自信勢必受到嚴重的打擊，也更加不知所措。為了避免再被嘲笑，他很可能就把他的恐懼感隱藏起來，到那時候，問題也就更形複雜嚴重了。

孩子的恐懼感就像一個個的心結，如果適時解開也就沒事。若是父母沒有注意到，或認為：「沒有什麼大不了的，等他大了自然就好了。」漠不關心，待結愈纏愈緊愈亂，到時恐怕想解也解不開了。而孩子獨力與恐懼奮戰的結果，一則變得份外內向憂鬱，對他周遭的事物，時時存有不信任的畏懼感；另則變得狂野蠻橫，對人對事常懷敵意，具有攻擊性。當然，這兩種的孩子都不會是快樂的孩子。

父母幫助孩子克服「恐懼」最基本的態度，就是給他愛與關懷。父母是孩子最親近也最信任的人，當孩子心有所懼、感到惶恐不安時，所能也最期盼投訴的對象就是生他的父母。因此父母若能及時發現孩子的異常，誘導他說出心中的恐懼，讓他瞭解事情的真相，肯定地告訴他事情並沒有他想像的那麼可怕，並告訴他：「每個人都有害怕的時刻，那是正常的反應。」孩子見父母言之鑿鑿，表現得那麼自然自信的樣子，也就相信真的沒事了。

讓孩子相信「真的沒事」的關鍵，在於讓他瞭解事情的真相，比方說三歲的娃娃不敢進房間睡覺，因為他認為房間裡有個大怪物。這時的父母千萬不要應和著說：「大怪物？好可怕喲！爸爸去把它打跑。」然後故意乒乒乓乓一陣敲打：「好了，大怪物已經被爸爸打跑了。」這時較適當的處理方法，應該是打開房間，打開燈，讓娃娃看個清楚，證實房間裡確實沒有大怪物。又如剛入學的孩子，因不明瞭父母為什麼突然要遠離他而啼哭，這時做父母的不要責難他，或說：「看人家小朋友都不哭，就你一個人哭，好不好意思啊！」而是告訴他上學是為他好，讓他有機會認識新朋友，學習新事物，而且下學了媽媽一定會去接他。等時間一久，孩子熟悉了新環境，發現下學了媽媽果真會去接他，他自然也就接受了上學這件事。

父母處理事物的態度直接影響孩子，比方說父母怕黑，孩子也易懼暗；父母一點小事就認為天要塌下來，孩子也易對這世界心存畏懼。因此做父母的要隨時注意並糾正自己處理恐懼的態度。平常不要沒事嚇唬孩子，恐怖的電影、電視也少叫他看。此外，不要強迫孩子做他能力所不能及的事，包括身體與心理。更不要有事沒事拿孩子跟別的孩子比，不同年齡，甚或同齡而不同個性的孩子，在各方面的表現也不盡相同，以孩子比孩子，對孩子來說是不公平的。

孩子的「恐懼感」實不足為懼，只要做父母的花點心思，必能使其「大懼」化「小懼」，「小懼」變「不懼」，繼而健康快樂地成長。

由打孩子談起

被孩子激怒，高舉權威棒時，請三思！

我常想，生活在美國的孩子真幸福，既無須惡補，也沒有升學壓力，每天有吃有喝有玩，快快樂樂的，即便偶爾調皮搗蛋犯了錯，還有免於挨打的權利。說到不准打孩子，新移民來美的朋友老周不免嗤之以鼻：「養子不教父之過」，小孩子不聽話，哪有不打的道理？於是有一天，當周小寶偷偷在客廳玩球，不小心打破家中昂貴的花瓶時，盛怒的老周毫不猶豫拿起棍子朝小寶腿上就是幾下。由於打得「理所當然」，翌日也就「心安理得」地讓小寶帶傷上學。哪知學校導師一見傷痕，立即報到校長室。校長問知竟是「爸爸打的」，一狀又告到了警察局，而當晚老周就被「請」了去。又是指紋，又是照相，把英文不怎麼靈光的老周嚇得半死，最後好不容易在眾親好友再三解釋此乃老周因「國情不同所犯的無心之過，絕無虐待兒子之意」，並保證「下不為例」，才倖免官司，倖保撫養權地全身而退。在驚恐之餘，老周不免疑惑地頻問：老美難道不打孩子？抑或美國孩子都是乖寶寶？從不犯錯？從不惹父母生氣？

當然不是。美國孩子也是人，是人就會犯錯，當他們做錯事，也會受到處罰，只是那種處罰不是暴力型的「挨打」。事實上，打孩子的老美仍不在少數，這就是為什麼會有那麼多的法律規章、機關團體來保障孩子的權益。但一般「正常」的，尤其是知識水準較高、生活條件較佳的美國人的確是真的不打孩子。當孩子犯錯，他們最常用的處罰方式，便是ground。所謂ground，原有船擱淺或飛機被迫停飛之意，在這指的是，孩子若犯錯，就剝奪他某些權利，使他有「動彈不得」之感。比方說不准打電話、不准看電視、不准出去和別的小孩子玩；大點的孩子，不准出去約會、不准開車或不准做其他原先被允許做的事。

也許有人會問，如果孩子不服、抗拒怎麼辦？當然，這種情形不是沒有，但如果從小訓練得當，反抗的情形就會減至最低。所謂訓練，就是從小建立他們「國有國法，家有家法，在外犯錯，要受法律制裁，在家犯錯，就要被ground」的觀念。久而久之，他們自然會坦然接受「打破別人玻璃要賠，開快車要罰錢，不聽父母的話要被ground」的「事實」。

當然，幫孩子建立此種觀念，父母一定要堅持原則，如此方能奏效。我舉一例，鄰居布朗夫婦曾規定他們八歲的獨子彼得出外玩「不可跑遠，不准進別人家」，結果有一天彼得偷溜到朋友家玩了幾分鐘被他媽發現，因而足足被禁足兩個星期。這對在家待不住的彼得來說，簡直比挨打還要痛苦多倍。雖然他沒有受到皮肉之苦，但事後他對我說，經過那次教訓，他以後絕不會再犯了。

自古以來，中國父母一向具有高度的權威性，他們認為「身體髮膚受之父母」，既然孩子的生命都是父母給的，父母自然有絕對的管教權，要打要罵誰也管不著；更何況「棒下出孝子」、「不打不成器」，古有明訓，打孩子，也是為了他們好。殊不知道這種想法、觀念、做法都已落伍。現在時代不同，講的是人權，是對每個獨立個體的尊重。孩子做錯事，父母責罰他們，無非是希望他們知錯，以其為鑑戒，下次不要再犯，那麼用較民主式的ground，是否比權威性的打要好些呢？再說，人生氣時很容易失去理智，萬一因而傷到了孩子，豈不後悔終生？因此奉勸各位父母，當你被孩子激怒、高舉權威棒時，請三思！

替孩子留些情面

被剝去自尊外衣的孩子，叫他如何不自暴自棄呢。

週末到一家中國超市購物，正巧撞見一幕三娘教子的場面：一位盛怒的母親，一手叉腰，一手指著跪在地上涕泗滂沱的小女孩，厲聲斥責：「叫妳只許看不准動，妳沒耳朵呀！」圍觀的幾位太太七嘴八舌地在旁勸著：「好了，孩子也不是故意的，那東西就算我的好了。」「李太太，妳就饒了她吧。讓她起來吧，跪在這多難看。」「珊珊，快向妳媽賠不是，說妳下次不敢了。」小女孩低頭啜泣不語，怒氣未消的母親則揚起嗓子道：「難看？我就是要她難看，看她下次還敢不敢！」為了怕和兒子同班的小女孩珊珊日後見了我尷尬，在她看見我之前，我趕緊轉身離去。

回家的路上，我忍不住地想：為了孩子不小心打破一罐醬瓜，做母親的犯得著生那麼大的氣嗎？再說就算她動怒，又犯得著一定要當著大庭廣眾的面教訓孩子嗎？她那樣肆無忌憚地當眾羞辱女兒，難道不怕女兒難堪？不怕傷了女兒易感的小小心靈嗎？她那樣做，究竟所為何來？

「孩子犯錯，要當場管教才有效。」一位自認權威的母親曾這樣教我。她也的確說到做到，在很多場合，即使旁觀者眾，只要她兒子不聽她的話，她不是一個腦袋、就是一個巴掌打下去。她兒子在她嚴管下，確實像個訓練有素的小兵兵，說一不二。但那僅限於在她眼前，背地裡，他卻盡做些違背母意的事。這也難怪她不明白：「像我兒子這麼乖的孩子，在校操行為什麼老拿C？」我心裡卻很清楚，一個被親生母親剝去自尊外衣的孩子，叫他如何不自暴自棄，而有近乎報復的異常行為表現呢？

小孩子做錯事，做父母的當然有責任加以管教。但管教的目的是希望他們知過能改，其出發點是善意的。既然我們基於愛他們才管他們，管必須有方，必須就事論事，必須讓他們心服口服，那麼在家裡，在無旁人在的地方管，豈不比大事聲張、嚷得人皆盡知要恰當嗎？

人都是要面子的，大人如此，小孩亦然。我們做父母的在抑貶或教訓孩子時，最好能擇地而訓，替孩子留些面子吧！

逛街時，看好小娃兒

孩子走失常在一瞬間，父母千萬不可輕忽。

小姪女過生日，趁著和先生兒子一塊逛街之便，到玩具店替她選了盒時下流行的小人兒。出了店，迎面走來一對美國夫婦，兩人有說有笑的，先生手上抱著一個小男孩，後面則跟了個約莫三歲的小女娃。

經過小女孩，她大方跟我打招呼，我也親切地回了她一聲「嗨」。先生和兒子腳程快，一會工夫已經進了另家店，我趕緊跟了上去。

站在店門口等那老小出來，歪過頭，赫然發現那小娃兒竟然站在我的身邊，兩眼盯著我手上提著的透明紙袋。環顧四周，並不見那對夫婦的影子。我一驚，天啊，這女娃該不是看著我手中的玩具，就跟了過來吧？

我低頭問女娃：「妳爸媽呢？」女娃這才從玩具世界中驚醒過來，左看右瞧，見不著她父母，撇了撇嘴，想要哭的樣子。我趕忙說：「別急，別急，我看見他們往那個方向走，我帶妳去找。」

心中急如焚火、外表卻裝著若無其事的我，牽起小女娃的手，往方才來的方向走去，心想那對夫婦此刻必定已發現小女娃不見，想必急瘋了吧。

走了約莫五分鐘，經過一家時裝店，小女娃突然掙脫我的手跑了進去。順著她跑的方向望去，我看見那對夫婦正拿著一件衣服愉悅地討論著。小女娃扯一扯她母親的裙子，她母親低頭摸了摸她的頭。她再扯，她母親索性彎下腰把她抱了起來。小女娃把頭舒適地歪放在她母親的肩上，她母親則繼續和先生討論，似乎並沒有察覺小女娃曾經走失。

確定小女娃已安然回到她父母的懷抱，我回頭和先生兒子會合，三人過了個愉悅的下午。

晚上夜深人靜時，想到白天的那一幕，心中惴惴不安難以釋懷。搞不好那對年輕夫婦自始至終都不知道他們的女兒曾經走失過。看他們夫妻的親暱狀，兩人感情一定很好；再想他們看子女的眼神，也一定很鍾愛那對兒女。萬一那個女娃真的走失了，他們現在會是什麼樣的情景？那麼個和睦的家庭，會不會因此而毀了呢？

想到那對糊塗的父母，使我不得不對為人父母者提出忠告：下回逛街時，千萬要看好你的寶貝。不要因一時的疏忽，讓他們就那樣由你手掌心中溜走，到時候再追悔，也來不及了！

孩子的紛爭

圓滿解決孩子的紛爭，考驗著做父母的智慧。

到朋友家做客，酒足飯飽，賓主正聊得不亦樂乎時，忽聞一聲淒厲的哭聲傳來。大夥不約而同順著聲音尋去，只見一位小女孩啼哭著，由樓上飛奔而下。

「怎麼了？」女孩的母親和女主人迎了上去。

「是彼得啦，他欺侮弟弟，他搶弟弟的玩具，還罵他笨，說他什麼都不會！」女孩抽泣地說。

「不會吧，彼得可能只是跟弟弟玩，他不會是故意的。」母親息事寧人地安慰女孩。

「他是故意的！他是故意的！為什麼每次有人欺侮我和弟弟，妳都說他們不是故意的。」女孩顯然對母親的反應相當不滿，生氣地發起飆來。

眼看現場氣氛有些尷尬，被「點名」男孩的母親站了起來，摟了摟小女孩說：「妳說彼得欺侮妳弟弟，是嗎？阿姨去問他，如果他真的不乖，阿姨會處罰他。」說著朝樓上走去。

女孩的母親顯得有些不好意思，想要說女兒什麼，又怕再「刺激」她，只好任由她趴在桌上低聲啜泣。

過了會，「闖禍」男孩跟著他母親下來，小心地解釋方才只是誤會一場，他只是「好心地想教弟弟玩那個玩具，而不是要搶他的」。女孩聽了解釋，心情好了些，過了會，破涕為笑，高興地跟男孩「握手言歡」。一場小小的紛爭，總算歡喜落幕。

在美國，老中家庭聚會，通常是全家總動員，大人聊天，小孩嬉戲，一片歡樂融洽氣氛，為緊張的異域生活平添多少情趣與溫馨。然而，半大不大的孩子在一起玩耍，難免發生摩擦起些糾紛，尤其是愈小的孩子，發生口角，甚至「動口」（咬人）動手的可能性愈高。事端發生，「受害者」和「肇事者」一定各執一詞，誰是誰非，恐怕連當事人自己都弄不清楚。在這種情況下，如何在顧全雙方孩子的面子和尊嚴下，平和不露痕跡地解決紛爭，著實考驗著做父母的智慧。

也是媽媽經

話到嘴邊留半句，親子關係將會更融洽。

清晨起來，見屋外飄著綿綿細雨，打開房門取報，一陣寒風襲面、冷颼颼的。回頭瞧見兒子披了件薄夾克正欲出門。我要他加件毛衣、換件厚外套、帶把傘再走。他答：「不冷。」我不依，一把攔下他，要他遵行才肯放行。兒子的眉頭皺起，有些不耐煩地重複道：「跟妳說不冷嘛！」

目送兒子淋著雨、縮著脖子鑽入車中，我悻悻然地進到書房，坐在書桌前的椅子上生悶氣。氣兒子的不聽話，外面天氣那麼冷，穿那麼少，不生病才怪。正氣著，無意間瞥見壓在玻璃板下的一幅漫畫——一位坐在沙發上、穿長袖毛衣的父親，一手拿報，一手指著蹲在沙發邊、穿毛背心的小狗，對站在眼前、同樣穿著長袖毛衣的一兒一女聳肩道：「不要問我為什麼，因為你媽媽覺得冷。」——不覺莞爾，原來我在不自覺中，又做了一次「鴨霸老媽」！

說起來，人很矛盾也很健忘。猶記當年「年紀小」時，最不喜歡的，就是老媽成天跟在屁股後面「唸叨」——「飯不要吃太快……」「可能會下雨帶把……」「還不去做功課……」「看書燈光要夠……」「記得……」「不要忘記……」「妳應該……」「妳不應該……」諸如此類。一歲如此，十歲如此，到了二十歲，老媽仍是管東管西，這不對、那要改地說個沒完，這是有夠煩的！

「不要嫌我囉嗦，等妳將來有了孩子，就知道這叫愛之深、責之切。要知道，沒有規矩哪能成方圓。」每當我對母親「管太多」提出抗議或顯出不耐煩時，準會迎來這麼一句「訓詞」。當時我想：哼，將來我才不會像老媽妳那麼雞婆，事無巨靡全要過問，我會讓我的孩子在沒有約束教條的環境中自由成長。

哪知「此一時也彼一時」。當年那個「天塌下來與我無關」，啥事都懶得管、被老爸調侃為「三棒子打不出一個屁來」的我，在做了母親後，一夕之間像是脫胎換骨，從前深受的「嘮叨」苦，以及暗下「不管」兒女的「宏願」，全丟到腦後頭，成了個不折不扣的閒事婆：不但兒子的飲食起居要管，他的品德學業要管，就連他腦袋裏想什麼也都想插一手。至於「囉嗦」，當然練得要比母親更爐火純青囉！

由此可見，人的觀念會因年齡、人生的閱歷，以及地位的互換而有所不同。管教子女，母職所在，愛的表現，天經地義。但在管的技巧上，可能得多做思量。原則上，若能設身處地站在子女的立場上多想一下，話到嘴邊留半句，給與他們適當的自由，我想親子之間的關係應該會更融洽吧。

鑰匙兒

鑰匙兒的安全，是父母的當務之急。

正陪兒子做功課，電話鈴響，是曼蘋打來的。幾句寒喧話後，她突然問：「漢平是不是在妳家？」我一愣，答道：「沒有啊！」她聽了顯然一驚，傻在那好一會才接腔道：「沒有?!那他會跑哪去了？剛才我打電話回家沒人接。問學校，學校說早在半個鐘頭前學生就走光了。我以為他偷溜到妳那，妳說他沒去，那他人呢？……」說著說著她變了音調。我安慰她先別著急，漢平不會有事的，也許他只是睡著了沒聽見電話響。問她要不要我過去看一看，她想了想說：「算了，我還是回去一趟好了，我告訴漢平不管是誰敲門都不准應門，妳去了，就算他在，也不會理妳的。」

放下電話，想想不放心，還是開車到曼蘋家轉了轉。但在門口喊了幾聲沒人應，只得無功而返。約莫過了半個鐘頭，曼蘋淚眼汪汪地來找我，說她回家看見漢平的書包，卻不見他的人影。附近鄰居她也問了，都說沒見到漢平。聽她這麼說，我也慌了。因為放學時我明明看見漢平往他家走去，怎麼這會兒會不見了？曼蘋哭了會兒，然後說要打電話給她先生。我替她撥了號，公司同事卻說他出去了。這下曼蘋傻了眼，更不知該如何是好。就在這時電話響起，把我們倆都嚇了一跳。

電話是曼蘋先生打來的，說是看見她的皮包，問她是不是在我們家？我說是，忙把電話交給曼蘋。曼蘋接過電話，先是一陣哭，再是一陣罵，然後一陣笑，看她破涕為笑，我想八成是沒事了。果然，原來那天是曼蘋的生日，她先生為要給她一個驚喜，特地請了兩個小時的假帶兒子去替她選禮物。「平常漢平放學我都會打電話給他。今天我因為有個重要的會要開，所以昨天跟他說今天不會打，他們父子倆就趁這個機會出去。而偏偏我想想不放心還是打了，才會有這陰錯陽差的誤會發生。」曼蘋不好意思地解釋。知道漢平沒事，我心中大石總算落下。

曼蘋歡天喜地地回去，她說兒子的失而復得是她今年收到最好的生日禮物，我想也是。由曼蘋的一場虛驚，我想到了鑰匙兒的安全問題。根據統計，全美每天約有一千三百萬五歲到十三歲的學童，放學後必須獨自回到家中，面對無人的空屋。如果說讓孩子成為鑰匙兒是唯一不得不做的選擇，那麼提供孩子一個安全的環境（比方說把危險物都藏到不可及的地方、以答錄機接聽電話）、教導他們一些安全須知（不要理陌生人的搭訕、不要隨便應門）和緊急事件發生時的處理方法（如遇火災、陌生人在住家附近徘徊時該怎麼辦），同時和他們隨時保持密切聯繫，確保這些半大不小、似懂非懂的純真孩子們，在這世風日下、綁架案迭起的陰惡社會中，仍能「快快樂樂地上學，安安全全地回家，平平安安地成長」，便成了鑰匙兒父母刻不容緩的當務之急。

謹言慎行，別在無意間傷害孩子

父母愈被孩子激怒，愈該冷靜。

到朋友家做客，大夥正吃得開心，朋友三歲大的兒子小華，不小心把偷端到客廳的一大杯牛奶打翻。朋友「據報」奔往客廳，一面氣急敗壞地忙著清理，一面破口大罵道：「叫你不准把牛奶拿到客廳喝，你為什麼不聽？你是沒長耳朵？還是存心氣死我？氣死我，好叫你爸替你娶個後娘進門是不是！」小華被張牙舞爪的母親一陣怒罵，當場嚇得嚎啕大哭。朋友先生見狀，慌忙把兒子抱開。哪知怒氣未消的朋友卻不肯善罷甘休，「意猶未盡」地緊隨在後叨個沒完。

回家的路上，大夥談起這件事，小姑搖頭道：「平常看李太太脾氣滿好的，怎麼罵起兒子來，活像個母夜叉。」我還來不及置評，兒子已在一旁接腔道：「我媽生氣的時候，還不是那個樣子！」聽兒子把我和方才李太太那副「惡形惡狀」的嘴臉相比擬，心裡很不是滋味，掙扎地想為自己辯解：「我有那麼可怕嗎？我什麼時候那樣罵過你？」兒子一點也沒察覺我的不自在，一本正經地說：「妳不記得了？那次我不小心把妳的水晶飾物打破，妳不是氣得跳起來，跟在我後面罵了一天？罵我粗心，罵我不聽話，還罵我是個不負責任的人！」

經兒子這麼一說，我想起來了。那是幾個月前，朋友生日，我特地去買了一個水晶飾物準備送她，兒子發現吵著要看。但儘管我再三交代他要小心，他仍是不小心地把它掉到地上，摔了個粉碎。當時我很生氣（不單是怪他不小心，更是心疼那砸掉了的三十多塊錢），於是結結實實地把他罵了一頓。至於罵了些什麼？早就不記得了。甚至那件事，要不是兒子提起，我也早忘得一乾二淨。沒想到那麼一件「小事」，他卻記得那麼清楚，可見那天我罵他的「德性」，令他「沒齒難忘」吧。

人在生氣的時候，常會失去理智，說出不該說的話，做出不該做的事。因此常見「學者專家」大聲疾呼，提醒生氣的人們，在生氣的時候最好能做做深呼吸、洗把冷水臉、洗個熱水澡、打電話給好朋友、寫下心中的憤怒、離開生氣的現場等，總之，讓自己冷靜下來，免得在衝動下做出憾事。只是專家們的金玉良言，說起來容易，做起來難，要想在盛怒下做到謹言慎行，實在需要很大的克制力。

說到衝動下做出憾事，我想到我懷孕那年在台南街頭看到的一幕景象：一對夫妻領著一個小女孩逛街，小女孩看見店前機器馬，吵著要騎，母親不允，女孩不依。父親哄勸，女孩仍是不依，並開始哭鬧，當街打滾，引來路人的圍觀。父親面子掛不住，火了，突然一陣拳打腳踢。幸虧女孩母親手快搶下孩子，否則後果真是不堪設想。看到那一幕，讓我觸目驚心，頓悟人在怒火攻心時，行為是多麼地容易失控。也從那時起，我暗下決心，將來無論在任何情況下，絕不打孩子。多少年過去，我也的確努力地做到了這一點。但經兒子方才點出，我才發現自己雖然約束了傷身的手腳，卻忘了管制傷心的嘴巴，無意中傷了孩子還不自知。

看來，「好母親」這門課，還真不容易修呀！

淺談孩子說謊

說謊的孩子不一定是壞孩子，也不是只有壞孩子才會說謊。

鄰居王家夫妻參加學校家長座談回來，又氣又傷心，兩人千想萬想，萬萬想不到心中那個純真無邪的兒子竟然也會說謊：「明明有功課為什麼騙我們說沒有？明明自己沒做為什麼騙老師說家裡有事？」氣急敗壞的王先生吼罵得幾里外都聽得見，失望的王太太則在旁流淚憂心道：「才小學五年級就會說謊，現在不管，將來長大還不知會壞成什麼樣！」

孩子說謊，父母直覺得會認為很可能是孩子在品德上出現了缺失，基於愛之深、責之切的心理，憂慮憤怒在所難免。但，說謊真是變壞的表徵嗎？罵，甚或打，又能打罵出多少功效呢？

孩子說謊，原因很多，好強、不認輸、對某事期盼過深，都會導致他以說謊來掩蓋他能力的不足，以及滿足他心理上的需求。而最常見的，則是對父母的畏懼。害怕自己的表現令父母失望、生氣或責罰，為避免一些可預期的不愉快情形發生，說謊便成了他最好的逃避方法。當然，家中父母若有說謊的「習慣」，孩子耳濡目染而有「依樣畫葫蘆」的情形發生也就不足為奇了。

發現孩子說謊，父母震驚與痛心的心情可以想見。但，此時切忌動怒打罵、高壓威脅或長篇大道理地說個不停，而是該就事論事，以冷靜、理智、信任的態度，耐心地找出他所以說謊的原因，以便對症下藥。最重要的，讓孩子瞭解到你不喜歡他說謊，是因為愛他、關心他，也是為保護他，希望幫助他平穩地踏上他人生的康莊大道。

總之，說謊的孩子並不一定就是壞孩子，也不是只有壞孩子才會說謊。所以，當發現孩子說謊時，先別急著發脾氣，而應盡速找出他說謊的原因，繼之以愛心、關心、耐心、誠心地和他溝通。讓孩子對父母產生信賴、信任與信服感，這才是杜絕孩子再犯的良策。

比賽與逼賽

比賽有助孩子增長見聞，但勉強為之將適得其反。

陪兒子參加學區數學大賽，比賽進行沒多久，忽見一女孩哭著由考場跑出，後面跟著不知所措的兒子。經他解釋，才知女孩是他棋賽的對手，卻從未下過那種棋，雖經裁判解釋再三，仍是茫然，最後只好棄棋認輸。就女孩對裁判表示，她來與賽，以為只有筆試，到會場後，才知另有棋賽。她因沒有準備，不願參賽，但卻被母親趕鴨子上架，勉強上陣，才會出現如此令她難堪的場面。

逼賽，在這望子成龍、望女成鳳的現代社會，似乎已是司空見慣的事。常見父母振振有詞地強調，要孩子參加比賽是希望他們和別的孩子切磋學藝、增長見聞。此話或許不錯，但要孩子有意願才行。意願不高，勉強為之，恐怕只會適得其反，徒增他們的心理負擔而已。

生平第一次參加比賽，是小學三年級。那年班導師派我參加學校查字典比賽，當時我連字典長什麼樣都沒見過，哪知怎麼查？想當然耳，只有敬陪末座的份；小學六年級，我又奉師令參選學生市長。發表政見當日，我站在高高的升旗台上，報上名後腦中一片空白，望著台下頻頻提台詞的同學嘴型，我情急地抓起麥克風大聲嚷道：「什麼？我聽不見！」一霎時引來全校近兩千師生的哄堂大笑。尷尬中，我草草照本宣科讀完同學火速送來我自己寫的講稿，含淚鞠躬下台。那兩次慘痛的參賽經驗，叫我畢生難忘。從那之後，參加比賽成了我心中的最怕。

也因為如此，多年後，當面對兒子提出要參加某項比賽時，我雖樂觀其成，但必堅持兩點：第一，他對參賽項目一定要有興趣，因為唯有有興趣，才會享受到參賽項目的樂趣。像我當年，明明不想當什麼學生市長，更怕在大庭廣眾面前說話，但礙於師命，不得不為。結果在整個過程中，備嘗焦慮、緊張和不安，最後還得獨吞慘敗的苦果，讓自己的信心受到嚴重的打擊。

其次，一旦決定參賽，必須全力以赴不可兒戲。沒有把握的仗或許可以試著打，但絕不可無備而去，以致不戰而敗。一如我當年參加查字典比賽，一如小女孩參加棋賽，既然不知「為何而戰」，那又何必去自取其敗呢？

該不該買電視遊樂器？

訂定使用遊戲規則，嚴格徹底執行。

朋友念小學的兒子近日正在鬧情緒。為什麼？他想要一台電視遊樂器，他老媽偏就說什麼都不肯買，原因是「太傷眼睛」、「怕他玩物喪志」、「遊戲都太暴力」。總之，「電視遊樂器百害而無一益，絕對買不得。」他媽斬釘截鐵地說。

電視遊樂器果真百害而無一益嗎？相信許多父母的確有過同樣的疑問，在買與不買間也有過相當的掙扎，與兒女間更有過無數次的爭辯。有的父母吃了秤鉈鐵了心，說不買就不買；但當聽子女抱怨被同學譏為孤陋寡聞時，仍不免有幾分心虛與歉疚。另有些父母則因一時心軟，捧了台任天堂進門，可是待一切裝置妥當，卻發現卡帶所費不貲外，孩子電視以外僅有的念書時間亦為任天堂取代，不覺大呼失策，後悔不已。

究竟做父母的該不該為子女購置電視遊樂器呢？根據一些專家的說法：「電視遊樂器是現代社會科技下的產物，孩子不知電視遊樂器為何物，一如成人不知電腦是什麼，讓人有落伍的感覺。」「電視遊樂器可訓練小孩解決問題的能力，對孩子而言，遊戲有如道道難解的習題，解開難題，讓他們有成就感，進而對自己產生某種程度的肯定。」「從遊戲中，可訓練腦、眼、手的配合能力。」

既然電視遊樂器已成為現代孩童生活中不可或缺的遊戲輔助工具，父母從善如流替他們添購，實在無可厚非。不過在選購前，必須和他們說清楚：（一）絕對不可妨礙學校的功課；（二）規定玩的時間；（三）購買卡帶必須經過父母首肯；（四）違者當受禁玩處分。買後，父母當盡督導之責，確定孩子確實遵守當初協定，違反時，也確定他們確實得到應得的處罰。

每種遊戲都有其遊戲規則，規則既訂，參與者謹守，大夥自然都能各享其樂的。

重重地打回去

入鄉隨俗，隱含著多少移民的無奈和心酸。

「小明，看你灰頭土臉兒、一身髒兮兮的，在外面跟誰打架了？」

「李家寶。」

「家寶不是你最要好的朋友嗎？為什麼要和他打架？」

「他輸我一顆彈珠卻想要賴不給。」

「虧你還說得出口，你怎麼可以為了一顆小彈珠就跟他鬧翻？我問你，你把他打傷沒有？」

「沒有，是他先動手打我的。」

「不管是誰先動手，打架就不對。媽平日是怎麼教你的，我不是再三告誡你，出外不許和人吵架、打架，要做個彬彬有禮的好學生的嗎？你怎麼全忘了？記住，以後和別的小朋友再有糾紛發生，在學校應該告訴老師，在家應該告訴爸媽，讓老師和爸媽來判定誰是誰非，你自己絕對不可以動手。打人是野蠻人的行為，你是個文明人，做起來就要像個文明人的樣，聽到沒有？」

「聽到了。」

◊　◊　◊　◊

「湯姆，你的臉頰這兒怎麼青了一塊，被誰打的？」

「吉米。」

「他為什麼打你？」

「我不小心弄斷了他蝙蝠俠的一隻手臂。」

「弄壞他的玩具也不能打人呀！你有沒有回手？」

「沒有。」

「為什麼不回手？」

「他的個子比我大。」

「他的個子比你大，你就不敢回手，那將來你遇見個子比你更大，或在其他方面比你強大的人，你怎麼辦？到時候你豈不是更不敢還手了嗎？」

「可是，我報告老師了！」

「報告老師有個屁用！你自己的事自己不解決，報告老師幹嘛？你想靠老師來保護你呀？那好，現在你可以靠老師、父母來保護你，將來出了社會，你要靠誰來保護你呢？靠警察嗎？告訴你，靠誰都沒有用，唯一能靠的只有你自己。你自己如果老是畏畏縮縮的，這一輩子就註定只有挨打的份了。我問你，你是願意做英雄高高在上呢？還是願意做狗熊讓人瞧不起？」

「英雄。」

「既然要做英雄，下次就不許再這麼懦弱了，知道了嗎？」

「知道了。」

◊　◊　◊　◊

在國內，如果小孩子在外與人發生爭執，無論有理無理，回家總會遭到父母或大或小的一頓責罵。這一點也不稀奇，因為中華民族一向以忠恕傳統美德立國，做父母的總是從小便灌輸孩子「吃虧便是占便宜」的哲理，目的就是在養成小孩子謙虛寬讓、不與人爭的德行。但是在國外，如果小孩子在外與人發生爭執，無論有理無理，回家勝者受到父母的褒獎，敗者則受到父母的申誡，這也是司空見慣的事。

美國的立國歷史極短，當初他們的祖先由歐洲移民至新大陸時，由於所面對著的是兇猛的印第安人與殘酷的大自然界，為了求生存，他們唯有靠自己的奮鬥來抵抗外界的一切橫逆。也因此，長久以來，美國的小孩子從小就被訓練成為一個獨立自主奮鬥到底的小鬥士。因為在他們潛在的意識裏，認為忍讓或退讓，就象徵著淘汰或死亡。

然而，當我聽到具有中國傳統美德、典型中國賢淑婦女的小阿姨，竟對小表弟妹們斬釘截鐵地說：「如果有人打你，你必須給我打回去。不但打回去，還要重重地打回去。」時，我驚訝得張口結舌說不出話來。

小阿姨看出我的疑惑，帶著一抹無可奈何的苦笑，將原委說給我聽。原來十年前小阿姨帶著小表妹投親來美後，因為腦子裏還存著中國人「吃虧就是占便宜」的寬大思想，使小表妹與在美國出生的小表弟在外吃盡了皮肉之苦。這還不打緊，糟的是，表弟妹的自尊心與自信心受到了嚴重的衝擊。小阿姨在痛定思痛、再三反省後，終於覺悟到要想讓孩子屹立在這「物競天擇，優勝劣敗」的美國社會裏，就必須以美國人教育孩子的方法來教育自己的孩子。自此以後，她改變了以往謙讓的作風，不再教表弟妹凡事要「忍、忍、忍」，代之的則是：「如果有人打你，你必須給我打回去。不但打回去，還要重重地打回去。因為能保護你的，只有你自己。」不過，說也奇怪，自從表弟妹改換以強者的姿態出現後，別的小孩子非但不敢再欺負他們，反而對他們佩服得五體投地，紛紛主動地向他們表示友善。

人說入鄉隨俗，「重重地打回去」也算是中國人來美國所入的一俗吧！只不過是，在這句話的後面，深藏著多少中國人的心酸！

交友

交友之道，貴在真誠。

替兒子脫套頭毛衣，衣過頸部，他哎喲驚叫出聲，問他怎麼回事？他揉著腦袋看我抿嘴不語，經我再三追問，這才支吾道：「被強生打的……他不是故意的，只是……最近他好喜歡打我的頭。」

「他為什麼打你？」我本能地反問。

「我不知道，也許好玩吧。」兒子聳聳肩道。

「好玩，頭都被打痛了還好玩！明天你到學校告訴強生，叫他以後不許再打你，否則我就要到學校去找校長。」我生氣地說。

「他真的不是故意的，平常他都沒打這麼重，今天可能失手才打痛的。」兒子急急地替強生辯解。

「我不管他是不是故意的，我不喜歡他打你，尤其是頭。」我不悅地加重語氣道。

「可是他是我最要好的朋友，如果我跟他說，他生氣不理我了怎麼辦？」兒子囁嚅道。

「就因為他是你的好朋友，你才更應該讓他知道你心中的真正感受。你喜歡他打你嗎？不喜歡是不是？那你就應該讓他知道啊。如果他真是你的好朋友，就會立刻中止那種暴力行為。如果他因你制止他做可能傷害你的舉動而不高興，那他根本就不是你的好朋友，這種朋友不要也罷。」

兒子見我言之有理，又如此堅持，只好答應第二天找強生說個明白。

翌日，好不容易盼到兒子放學。「我跟強生說了，他說他不知道我不喜歡他那樣做，他向我道歉，並保證以後再也不那樣待我。」兒子笑瞇瞇地向我報告。我知道他之所以如此歡喜，不單是因為以後不必再忍受皮肉之苦，更因由強生的反應，可見他確實是個值得深交的朋友。

澆花澆其根，交友交其心。交友之道，貴在真誠，曲意逢迎勉強維持的友誼，交得辛苦，也絕不會恆久的。

轉學須知

唯有了解各校的特性，方可做出正確的選擇。

朋友全家今秋將遷往外州，行前特地前來找我，問我知不知道該如何替孩子找新學校。我說妳這可真是問對人了，蓋我家兒子因他老爸工作關係，八年內換了六所學校，所以嘛，對轉學換校這碼子事，我不敢號稱專家，但自稱是有經驗的個中老手實不為過。

替孩子選擇新學校，首先得確定你想找的是什麼樣的學校，公立？私立？重學科？重術科？有無資優班？是否提供ＥＳＬ或其他特殊教育的課程？此外，學校離家的遠近，以及學校或住家附近有否課後輔導的服務機構，是否亦應列於你的考慮範圍之內？待你理想學校的藍圖勾畫出後，下一步要做的，是蒐集各校的資料，因唯有瞭解各校的特性，方可做出選擇。而資料的獲得，則可依下列幾個管道：

一、向當地親朋好友打聽，尤其家有與你子女年齡相仿的親友。

二、寫信到當地Education Board，請他們將該學區各校的簡介寄些給你。

三、請教當地房地產經紀人，通常房地產經紀人對他們專屬地區的學校都會有概括的瞭解，即使他們不清楚，也有辦法打聽出來。

四、到圖書館查當地的電話簿，配合地圖，找出你預定新居附近的學校，記下電話號碼及地址，打電話或寫信，將你心中的問題，請他們一一解答。

資料蒐集齊全後，仔細研讀，找出一二所合乎你理想的學校，盡量設法在開學前找學校相關人員會談一次。一則是進一步瞭解該所學校，另則也讓該校對你的兒女有所認識，瞭解他們是否需要某方面的特別輔導或服務。此外，記得帶著原校的資料，包括學校的電話號碼、地址、負責人姓名、成績單等，以備不急之需。

學校好壞與適不適合孩子就讀，對孩子一生有很大的影響，父母在選擇時，不得不慎重其事。

由兒子意外，談孩子安全

孩子意外的發生，常出於父母的疏忽。

一個週日午後，好端端的三歲兒子突然叫起肚痛。我摸他沒有發燒，看他精神也還不錯，再仔細想他由清晨起吃過的東西，又沒有一樣可疑。正百思不解，兒子嚷著要上大號，我如釋重負地趕緊帶他去，心想八成是那些糞便在作祟。可是兒子在馬桶上坐了老半天卻一無所獲，他那紅潤歡愉的小臉也逐漸為蒼白愁容取代。看他躬著背、皺著眉、摀著肚子的痛苦樣，我才放鬆的心一下子又緊繃起來。這孩子究竟是怎麼了？難不成吃了什麼不該吃的東西？可是哪又怎麼可能？別說我看他看得緊，就算他有機可趁，一塵不染的家也不可能有東西會讓他吃出病來。

正感憂慮當兒，兒子連著放了幾個響屁，掙扎地站起，說是沒事了。我半信半疑地替他整理衣褲，抱他到沙發，將他輕摟入懷不放心地追問：「真的不痛了？」兒子軟綿綿地偎著我，顯得很疲倦的樣子，精神和氣色也遠比叫痛前差得多，可是催問他幾次到底還痛不痛，他又都回說：「不痛，真的一點都不痛。」

說老實話，這種情形要是發生在平時，我老早就帶他去看醫生了，絕不會在這東猜西疑的。可是不巧的是當時正在流行出水痘，鄰近幾家的孩子先後都已傳染上，加上流行性感冒正猖獗，我實在沒有把握他到診所不被那些病毒侵擾。到時別肚子沒問題，卻惹上其他的疾病，那可就得不償失了。因此在和他爸幾經磋商後，決定把他「留家察看」。

就這樣，他一會嚷著肚子痛，一會又說沒事了。等我才鬆口氣以為他真的沒事了，他又愁眉苦臉捧著肚子說不舒服。等我好不容易下定決心要帶他去看醫生，他喝杯水、上個小號又說好了。總之，就這樣反反覆覆折騰了一下午。所幸的是，他叫痛的次數愈來愈少，叫痛的間隔也愈拉愈長，等下午他爸下班回來，他已像個沒事人。

先生見寶貝兒子恢復正常，寬心不少。但對下午發生的怪異情事甚覺不解，認為無風不起浪、無因不生果，覺得事有蹊蹺，要我往後幾天特別注意，看是否有類似之事再發生。

當日晚飯後，我照例去拿維他命給兒子吃，卻遍尋不著。最後好不容易在兒子遊戲室找到，拿起一看，當場嚇得尖叫出聲。先生和兒子聞聲趕來，驚問出了什麼事？我拿著空可見底的瓶子顫抖地問兒子：「那些小人人呢？」兒子躲在他爸後面怯懦地指指自己的嘴巴說：「都吃下去了。」我一聽差點沒昏過去。這才想起早上兒子心血來潮要吃「小人人」，我想那種維他命反正一天一顆，早吃晚吃都一樣，就拿給他吃。就在這時，電話鈴響，我隨手蓋上瓶蓋去接電話。哪知那一接就是個把個鐘頭。兒子一定趁那時拿去「飽餐一頓」的。

先生見謎底揭曉——兒子肚疼原來是維他命過量的結果——氣得怒髮衝

冠，正欲發火，但見悔恨交加的老婆早已哭得淅瀝嘩啦，在那又急又怕地問：「怎麼辦？要不要送醫院？」又氣又好笑，只得沒好氣地說：「送什麼醫院！他要有事早出事了，還等現在呀？妳不是說他下午水喝得兇嗎？過量的維他命早隨尿尿走了，沒事了啦。」

先生的話並沒讓我心安，當夜一個晚上我都睡不安穩，就怕會有什麼狀況發生。即使過了好幾天，兒子早沒事了，我的心還像哽著什麼似的。羞愧、不安加內疚，讓我好長一段時間不敢接近電話。

經過這次的教訓，我學到兩件事，願在此提供給家有小小孩的媽媽們做參考：

第一，藥品、清潔劑、殺蟲劑以及凡是有害人體的化學物品，務必放在孩子拿不到的地方。根據資料顯示，每年全美因誤食而導致意外的小孩子不知其數，所以，做家長的對這一點要特別留意，不要過於自信自己的孩子「絕不會亂吃東西」、「瞭解那些東西的危險性」。要知道所謂意外，就是我們認為「絕不會」、「絕不可能」發生的事而偏偏發生了。其實說穿了，說得嚴苛些，意外很多時候實際上根本就是人為的疏忽。像我家兒子，打從一歲多起就吃那種卡通人物維他命，而每吃一次，我都會重複一遍：「每天只能吃一顆，吃多了肚肚會痛。」誰知像這麼個「訓練有素」的孩子，就只因媽媽多打了會兒電話，一「氣」之下把整瓶都清潔溜溜。我能怪孩子明知故犯？自己運氣不好？或是歸罪於意外嗎？所以，上上之策，就是把那些可能生意外的物品放得高高的，最好藏到他們看不到的地方，免得他們一時好奇，拿椅子去搆，發生另一種意外。

第二，家有小小孩的媽媽，在孩子醒時最好少打電話。大部分的母親大概都有這種經驗，就是平時不打電話，天下太平，小孩子自己可以玩個把個鐘頭也不來找妳。可是一拿起電話，他們吃喝拉撒統統都來了。其實說來道理很簡單，小孩子要的是母親的注意，平常他肯自己玩，是他知道母親在注意他，清楚當他有需要時，母親會及時滿足他的需要，而這一切在母親上了電話線後就全然改觀。做母親的在一心不可二用下，很容易就疏忽掉孩子的需求，讓他們有機可趁，盡情地做出驚人之舉，像把一棵漂亮繁茂的植物拔成禿頭；把廁所的捲筒衛生紙由浴室一路拉到客廳；玩水；玩馬桶；玩母親的化妝品。更甚的，像我家兒子，一口氣把整瓶維他命給吃光了。幸好當時只剩小半瓶，要是全新的一瓶，那又會是什麼樣的結果？我是想都不敢想。所以，奉勸家有小小孩的母親，在孩子醒時最好少打電話，不得已非打不可，必須特別注意孩子的動向。當然能長話短說最好，免得享受了暢談之樂，卻留下了終身之憾。

教導孩子如何慎防狗咬

遇見陌生狗，敬鬼神而遠之！

所謂：「一朝被蛇咬，十年怕井繩。」一個小孩子如果不小心被狗咬傷了，不僅咬傷的本身是件嚴重可怕的事，同時也會導致小孩子終身怕狗的心理。為避免此類憾事發生，為人父母的在平常時候，就應該多教導小孩子一些如何防範被狗咬傷的應變知識。

教導孩子慎防狗咬的首要步驟，便是設法讓孩子瞭解到戲耍陌生狗的危險性。一般的小孩子由於在家裏跟自己家養的狗玩慣了，出外見到別的狗，也常喜歡習慣性地過去逗逗。如此一來，咬傷事件便發生了。這主要是因為自己家養的狗受自己家人的訓練與照顧，同時又與小孩子朝夕相處在一塊，因此對小主人拉拉耳朵、拽拽尾巴，或是更為粗野的行為都能忍受。而旁人養的狗，對小孩子的這些不太友善的舉動，往往是無法接納的，而不接納的直接反應便是對小孩子做人身的攻擊。為此，千萬讓孩子記住：看見陌生狗最好是敬鬼神而遠之，沒事少去招惹牠們。

攻擊侵入者以保護自己的地盤，常常是狗兒們自衛的本能。因此，當牠們看見有小孩子朝牠們走來或跑來時，往往會做防禦性的張牙舞爪或狂吠一番。告訴孩子，若見到這些狗攻擊人之前的警告信號，應趕緊迅速避開，千萬不要企圖闖關，以免遭到被狗咬傷的下場。

一般小孩子若看見氣勢洶洶的狗朝他而來時，通常最直覺的反應便是不管三七二十一拔腿就跑，殊不知這種行為卻是最愚蠢的。因為突然的奔跑反而會刺激狗的攻擊衝動，更何況跑得再快的孩子，也不可能比狗跑得快。告訴孩子，若遇此種情形，應立即側身朝狗，並對牠說：「不許過來！」如果狗不聽繼續接近，則叫孩子站立不動，任由牠去嗅腳或鞋子。但當察覺狗有攻擊的意圖時，應立即一方面注意狗的動靜，另一方面則側身緩緩離開狗的所在。若在退離時，狗繼續往前追擊，則應即刻再站立靜觀狗的動靜。

小孩子若被狗咬到，後果常是不堪設想。因此，凡是狗的飼主，特別是「惡犬」的主人，都應該把自己養的狗拴好，千萬不可讓牠胡闖亂跑而傷到無辜的小孩子。做父母的若發現你的孩子曾遭到某狗的威脅，對該狗的出現就該特別留意。如果那是隻遊蕩街頭的野狗，應馬上通知當地的動物收容所將其逮走；如果那隻狗是鄰居所養，則應立即將情形告訴他們曉得，並請他們將狗拴好。萬一狗主人不肯聽勸，仍任由狗在外領亂跑，為了小孩子的安全，最好還是報警處理。

由火災談孩子安全

小心火燭，星星之火可燎原！

孩子可以說是每個家庭中的希望之源，不幸的是，這些希望之源卻常在分秒之際毀於自己家中偶起的火災中。而更讓人覺得遺憾的是，若使為人父母的都能在事先教導孩子如何應變突發的火災，這許多死別的慘劇大部分也都可以避免。

家庭意外常致使孩子死亡。而根據統計，歷年來高居家庭意外之首的便是火災。火災如此可怕，為人父母的怎能不提高警覺呢！你有孩子嗎？你的寶寶知道如何處理起火時的危急情況嗎？下面幾點提供給你參考：

孩子衣服著火時——大部分成年人遇到衣服著火時，第一個反應往往是沒命似地奔跑，孩子也一樣，但這種盲目的奔跑結果，非但不能將火撲滅，反而助長火焰更為兇猛。此時正確的處理方法，應該是立即撲倒在地，緊接著在地上連續打滾。

平時你可協助孩子做如是的練習：綁一條紅毯子或者紅色的物品在孩子身上，訓練他們能夠迅速臥地打滾以撲滅「火」，經常不斷地反覆做這種練習，即便是三歲大的孩子，到時也能運用自如。

孩子被煙嗆醒時——根據報導，每年都有無數的孩子，由於在睡夢中被煙嗆醒，倉卒躲入壁櫥或床底下而被嗆死。為避免孩子突遇意外事件而手足無措，最好能不時地叮嚀孩子，如遇此種狀況發生，應盡快滾下床來，迅速爬向房門。如果此時房門已被燒得炙熱而無法碰觸時，應立即設法轉由臥室的窗戶逃出。

屋內起火時——火勢蔓延極為迅速，尤其是如果碰到的都是易燃物，那更是一發不可收拾。因此，千萬不能讓孩子有「火馬上自己就會滅」的想法。平常就必須教導他：一見屋內起火，應當即刻設法跑到屋外去。

俗語說：「星星之火可以燎原。」許多奪去無辜小生命的火災，常起於父母用火的疏忽。為了自己孩子的生命安全著想，做父母的非但應該「防患於未然」，在意外發生之前，先教孩子應變的知識。同時更重要的則是小心火燭，讓意外事件發生的可能性減至最低。

帶幼兒返鄉

帶小娃兒返鄉，多一分準備少一分驚嚇。

多年前，兒子八個月大時，我因耐不住思親情切，顧不得先生的反對，攜子返台。沒想到一下飛機，卻愕然發現台灣正在流行登革熱與小兒麻痺症。為安全起見，醫生們正大聲疾呼，建議不論大人、小孩，最好都加注一劑小兒麻痺預防針。我因兒子太小，不敢貿然行事，乃急電在美外子。經兒子小兒科醫生指示不須加注，這才放心，但心中仍不免惶恐不安。

在是否應即刻回美的矛盾中過了數日，一天夜裡，兒子突然發起高燒。當時我們正在台南娘家，家附近小兒診所原來就不多，加上家中多年沒有小孩，一時之間不知該將兒子送往何處急診。情急之下，兒子入住了一家「黑店」。該「黑店」院長為某大醫院退休醫生，他見兒子高燒不退，頭皮針、退燒針、消炎針、「富貴針」、一針接一針地打。打到最後，兒子非但燒沒退，身體反而逐漸僵硬。我見情況不妙，乃與火速趕到的公婆，連夜將兒子帶回台北，住進了宏恩醫院。

兒子住進宏恩醫院仍高燒不退，全身更出滿紅疹。但我雖急卻已不再慌亂，因為主治醫師在極短時間內已診斷出兒子患的是支氣管與尿道炎，紅疹則是「黑店」用藥過雜引起的藥物過敏反應。醫生開出藥方，保證一星期即可痊癒。果然，一星期後，兒子完全康復，又成了一條活潑亂跳的好漢。

先生在兒子出院後知悉他住院經過，震怒，隔日即由美抵台；見兒子果真康復，數落了我一頓，逗留數日，即帶著我們回美。返美後，好久好久我都不敢再想回台，兒子住「黑店」的種種情景，像噩夢般纏繞著我，每一憶及，心仍會絞痛。有了那次痛苦的經驗，每當聽有朋友要帶小娃兒回鄉探親，我總忍不住會對他們提出這樣的忠告：

一、返台探親，兩歲以下小孩不宜同行。之前，許多前輩亦如此警告我，但忠言逆耳，我因不「信邪」，結果「不聽老人言，吃虧在眼前」。

二、返台前，應向在台親友探聽清楚，瞭解台灣是否正有感冒或其他疾病流行，並請親友打聽一下在台欲住處附近的小兒科醫院、診所的情形，以備不時之需。

三、隨行應攜帶小孩子主治醫師的電話號碼、預防注射資料卡，以及過敏藥物的確切名稱。

所謂不怕一萬，只怕萬一，多一分準備，自然少一分驚嚇。但願預備帶小娃兒回家探親的朋友，都有個平安愉快的返鄉之旅。

克服恐懼的良方——面對它

恐懼人皆有之，克服良方勇敢面對。

三歲的小姪女小玉來家玩，午睡醒來大哭不已。問她怎麼了，她說：「我看見鬼鬼。」順著她的手指望去，我立刻瞭解到是怎麼一回事。於是，我抱起小玉走到窗邊，打開窗戶，指著隨風搖曳的葡萄枝葉說：「是葉葉，不是鬼鬼。」然後關起窗子，指著玻璃窗上的樹影重複道：「是葉葉，不是鬼鬼。」小玉好奇地看著我開窗關窗，眼眶仍含著淚珠，然後，她突然破涕為笑，拍著小手說：「我知道了，是葉葉，不是鬼鬼。」

恐懼乃人不易避免之心理，它，常使人心痺，使人生不能盡如人意。如何克服這種殘害人身的心理？「最佳的良法，便是勇敢地面對它，然後加以解決。」這是我在經歷小學六年級的一場「驚魂」後所悟出的道理。

小學六年級，一個夜黑風高的晚上，我由學校補習回家，行入一條長長窄巷時，悚然瞥見前面不遠處飄浮著兩個白影。霎時，我的心狂跳，全身顫抖，想叫叫不出，想哭卻又不敢，環顧四周，同學早走得不見蹤影。感覺在那呆站了好幾個世紀，我突然醒了過來，我告訴自己：必須鼓起勇氣，勇敢地往前行，否則我這一輩子都別想回家了。想通了，一咬牙，我低頭往前急行，行至白影處，我訝然地發現兩雙著皮鞋的腳，還有那竊竊的私語聲。有腳？有聲音？顯然是人不是鬼囉！我吁了一口氣，拔腿往家奔去。

進了家門，我書包一丟，哇哇大哭起來，等哭夠了，也想明白了一個道理，那就是：人之所以有恐懼，很多時候源於不正確偏差的想像力（一如那晚，我因剛在學校聽了男同學講的鬼故事，很自然地就把那對情侶聯想成幽魂把自己嚇了個半死）。因此，克服恐懼的最佳良法，便是勇敢地面對它，一旦面對了它，你會意外地發現，它其實並沒有想像中那般可怕。既然不可怕，自然也就沒什麼好懼了。

那次驚魂至今，一晃三十個年頭過去，在這漫漫歲月中，我遇到過許許多多令我恐懼的事，每一次，我都一咬牙迎了上去。比如我怕打針，手一伸，不消三秒鐘，恐懼感不見了。久不接父母家書，害怕他們發生什麼事，一通電話，恐懼殆盡。腳底長硬塊，怕得怪病，醫生診所走一趟，恐懼一掃而空。

同樣，我也以此法教兒子。兒子小時候很怕怪物，看這也像怪物，看那也像怪物。初時，每一次我都陪他一塊去探個究竟。結果發現，只是衣服上掛著帽子，或是椅子和燈罩的重影。久之，每當他再想像所見為怪物時，自己也會去弄個清楚，不再陷於恐懼中，自己嚇自己。

恐懼，凡人皆有之，刻意逃避或猶豫，只會助長恐懼。反之，迅速採取行動，果斷地迎去，恐懼霎時化為烏有，不信，不妨一試！

該不該「逼」孩子念書

督導無可厚非，強其所難則大可不必。

一位憂心忡忡的母親問我：「妳覺得我應不應該逼我女兒念書？」我說妳女兒功課不是很好嗎？為什麼還要逼她？她答：「我女兒功課是不錯，但念書卻很被動。我若逼得緊，她便念得勤。我若不催不叫，她就東搖西晃像個沒事人。其實我也不想逼她，但『學如逆水行舟，不進則退』，我怕我若不逼，她的成績會一落千丈。但逼嘛，著實也很怕給她壓力，造成物極必反的反效果。妳說我該怎麼辦？到底是逼還是不逼？」

我笑道：「這得看妳『逼』的定義是什麼。如果妳指的是強她所難，要她分分秒秒都得看書，非要她各科成績都得全班第一或Ａ，那就大可不必也不應該。但妳若指的是督導她適時完成家庭作業，做好各種考試前的準備，依我愚見，無可厚非。」

朋友的疑慮使我想起另外一位朋友。那位朋友在孩子小時，就主張以「無為而治」養孩子，她兒子不喜歡寫字，她就不叫他寫，他不愛讀書，她就不讓他讀，就她的說法是：「只要他健康快樂，書念得好不好有什麼關係。」初時，她兒子沒有功課的壓力，的確快樂似神仙，可是到了小學三年級，成績單已是全Ｃ，品性則列為丙等。功課全Ｃ，當然是不念書的緣故；品性丙等，則是因為他將寫字念書省下的時間精力，去招惹其他同學的結果。他功課不好，所以常遭同學嘲笑；他品性不佳，因此難討老師歡心。在這種情形下，他哪快樂得起來。至此，朋友才有所悟，悔不當初地說：「早知他書念不好有這麼多後遺症，我早就該逼他念點書的。」

「該不該逼孩子念書？」這個問題，恐怕不知困擾多少「望子成龍、望女成鳳」的父母。老實說，我們做父母的哪一個不希望自己的孩子能在沒有功課、考試的環境中無憂無慮快樂地成長？問題是，處在現今這麼一個「優勝劣敗、適者生存」競爭激烈的社會裡，肚中沒點東西想要生存談何容易。雖然「萬般皆下品，唯有讀書高」的時代已過，雖然書念得好並不代表從今而後就能平步青雲，享榮華富貴，但那畢竟是一條能憑自己本事闖出一番天地最平穩之路。

然而，人都是好逸惡勞的，大人也一樣。不同的是，大人心智已成熟，瞭解事情的嚴重性，懂得利害關係，也有克制力，能強迫自己做不願意做卻應該做的事。孩子則不然，他們只覺得念書是件苦差事（憑心而論，念書的確不是件好玩的事），當「吃喝玩樂」與「念書」要他們去做選擇時，他們當然會選前者。因此，父母的重責大任之一，就是讓他們瞭解：「為什麼要念書？」——修身養性、變化氣質；「念書有什麼用？」——知識就是力量，書念得愈多愈精，將來謀生之路也就愈廣；以及「少壯不努力，老大徒傷悲」的道理。萬一他們「不甩」這些道理，或受不了外界的誘惑時，做父母的就不得不用一點父母的「權威」，從旁輔導糾正他們。

做父母的都知道，逼孩子念書是件吃力不討好也相當傷感情的事，所以最理想的是孩子能自動自發不用父母操心。萬不得已非逼不可時，在技巧上的運用則須多加斟酌。同時基於「督導」的原則，輔助他們將潛力發揮出，而非強他們所難，逼他們做能力所不及的事。在此透露一個小秘密——知識是持續與累積性的，因此盡可能在孩子較順從的小學階段，養成他們良好的讀書習慣，奠定好他們各學科的基礎。因為基礎打得好，成績自然好；成績好，興趣自然濃；有興趣，書也就自然念得更好。反之，基礎不好，自然沒有興趣；沒有興趣，書自然念得更糟。如此惡性循環，孩子一旦對念書失去興趣，對自己失去信心，此時就算父母逼得再緊，恐怕也是徒勞無功的。

幫？或不幫？

從旁指導—可；越俎代庖—不可。

到朋友家做客，一進門，就看見她讀小六的女兒，雙手捧著一塊上面佈滿大小不一球形物的塑膠板，眼淚汪汪坐在沙發上，一張小嘴翹得半天高。

「妳問阿姨！問她有沒幫過大哥哥做功課？」朋友冷不防指著我對她女兒說。

見我一臉茫然、霧煞煞的樣子，朋友隨即解釋：「她要我幫她做學校的project，我不肯，她就在這鬧彆扭，說我不關心她什麼的。我跟她說自己的功課自己做，這樣才學得到東西，學校老師不都這麼說的嗎？」

面對投來狐疑眼光的女娃、等著我背書的朋友，正不知如何應答，門鈴響，有其他客人到。接著一陣喧嘩，孩子乖巧地避開，朋友不再追問，我也暫時解了圍。

一晚溫馨小聚，賓客盡歡而散。回家路上，我不斷思索著方才未及回答的問題：孩子學校的課業，做父母的究竟該不該幫忙做？

直到今天，我仍然清晰記得我們初次參加兒子學校Open House，看見其他孩子作業成品時的驚愕情景。也是從那一刻起，我們不再盲信「美國孩子很獨立，家庭作業都自己做，老師不允許大人置喙，家長也都自愛絕不介入」的「道聽途說」，一改過往對兒子學校課業「他愛怎麼做就怎麼做，只要是他自己做的就好了」的態度。

猶記那天展示的學生作品，包括了teepee（印第安帳棚小屋）和英文小說。我們兒子的teepee，是個用棕色色紙捲黏而成的錐形物（若非紙上寫有teepee字眼，恐怕無人能辨出它為何物）！小說則是從筆記簿上撕下幾頁紙，用鉛筆手寫、蠟筆畫圖、再用釘書針將紙歪斜釘成「書」。

反觀其他學生的作品：teepee用竹片、帆布、塑膠布或其他材料製成，帳棚有門有窗，有模有樣，有的小屋內還「住」有印第安人。至於小說，則泰半用電腦打成，內附彩色插圖，封面、裝訂都經精心設計，乍看之下，與坊間賣的童書無異。

欣賞過其他孩子的作品，再回頭看兒子的「傑作」，先生和我面面相覷，驚得說不出話來。七八歲孩子能「一手」做出那般超水準的作品，確實讓人匪夷所思。但硬要說他們有人捉刀，似乎又有欠公平。因就我觀察，多數學生對自己作品的製作過程，都能侃侃而談說得頭頭是道。可見成事者應該是學生自己，但背後必有「高人」指點。

一場「開放日」參觀下來，我們如醍醐灌頂，總算警覺到「老師不許大人置喙，家長自愛不予干預」的「傳言」其實是不正確的。反之，由老師對華麗teepee和精美小說的誇獎聲中，可知家長對子女課業的「介入」是受到鼓勵與讚揚的；由學生件件精湛作品中，也可看出老美父母對子女課業的重視與關懷，絕不亞於我們老中父母。

幾經深思檢討，我們得到這樣的結論：孩子的功課，做家長的絕不能置之度外或袖手旁觀。尤其當孩子開口求助時，我們一定得竭盡所能去幫助他們。只是幫必有「方」和「限度」。父母可站在從旁指導、輔助與督促的地位，幫著孩子一起思考、討論、找資料、出點子、吸取新知等；但切忌越俎代庖、反客為主「替」他們完成。若是那樣，就非孩子之福了！

管教子女，切勿用比擬法

沒人喜歡被批評，更沒人喜歡被批評不如他人。

在朋友家做客，席間，朋友客氣地誇讚我家兒子聰明又乖巧，並隨口「順便」數落了她兒子幾句：「你要是有人家明明一半好，我晚上睡覺都會偷笑。」我一聽，心知不妙，果然，只見她兒子當下筷子一摔，猛地站起，一言不發掉頭而去。「妳看這孩子，自己不如人還不准說，真是的，我看他是欠修理了。」做母親的悻悻然地說。我本想安慰她：「算了，這麼大的孩子都是這樣，更何況妳當著這麼多人的面說他，他面子哪掛得住？換成明明，他也會這麼做的。」但話到嘴邊又吞了回去，因為我知道我若這麼說了，恐怕另一個「欠修理」的娃兒也會離席。

記得小時候，每當我們兄弟姐妹不念書或成績不理想時，爸媽總會嘮叨著：「你們看看人家李媽媽家的孩子，家裡成天擺著好幾桌麻將，別說沒法念書，還得端茶倒水，結果呢？人家孩子個個不是上了台大就是省女，而你們呢？家裡什麼事也不讓你們做，書卻念成這個德性，想想，慚愧不慚愧？」我們慚愧嗎？當然不！當時我們聽了爸媽的話，心裡有的只是氣，背地裡大罵：「李家的孩子有什麼了不起，充其量不過是書呆子罷了！」若見父母當時心情不是那麼壞，有人還會頂嘴道：「就是因為我們家沒打牌，所以我們書才沒念好的嘛！」

人大概都很健忘，要不然就是我的記性特別壞。總之，當年對父母動輒拿我們和別人比的不平之氣，早隨年歲的增長而煙消雲散。更甚的，等我自己做了母親後，竟然不自覺地依樣畫起葫蘆來。於是，在我管教兒子的「訓詞」中，經常出現這樣的比較語：「人家阿華三歲就會騎腳踏車，你現在都五歲了還不會。」「你最好學學人家湯姆，嘴巴甜一點，不要見人就成了小啞巴。」

兒子每回聽我這麼說，不是鐵青了臉，就是咧著大嘴哭，先生為此再三「警告」我：「妳若嫌兒子哪裡不好，就直截了當地告訴他，不要非要拿他和別人比。」或許是忠言逆耳，或許是惡習難改，也或許在我潛意識裡，認為用比擬法比較能突顯問題的所在，讓兒子清楚我在說什麼，總之，兒子的不滿和先生的警告，我都沒有放在心上，直到那一天……

那一天，一家三口本來聊得挺樂的，後來不知怎的談到「一分耕耘，一分收穫」，我習慣性地做了個比較：「你SAT考一千兩百分算是很不錯，但比起那些考一千五百分的人，人家的功夫顯然下得比較深。」我本是閒話一句，哪知兒子卻反應激烈，當下撒起野來，生氣嚷道：「好嘛，好嘛，人家都好，只有我最差勁。」先生見狀，一面急著安撫兒子，一面回頭「罵」我：「妳這人真無聊，哪壺不開提哪壺，兒子現在才七年級，考的成績足以上大學，妳不誇他好也就罷了，幹嘛還拿別人來打壓他。」我被先生一陣搶白，覺得很委屈，我又沒有說兒子不好，我只是說人家……。人家？這就對了，人比人氣死人，說人家好，不是間接地說兒子不好嗎？雖然我沒那個意思，但聽起來的確刺耳，難怪他會氣成那樣子，看來我是真的傷到他的自尊心。

經過那場「風暴」後，我總算痛定思痛，管教兒子不再用比擬法，而是直截了當地告訴他我希望他怎麼樣。比方嫌他不做家事，不再說：「人家平平洗碗、掃地、擦桌，什麼事都替他媽做，只有你像個大少爺，什麼事都不做。」而是：「幫我去擦地板。」嫌他電視看太多，也不再說他：「人家我們同學的孩子，每天最多看半個鐘頭電視，哪像你成天守著電視機。」而是：「把電視關了。」事實證明，對他說：「多讀些課外書，對你將來寫作會有很大的幫助。」遠比：「人家小凱每個月都要看好幾本課外書，你不像他看那麼多，至少也得看一本吧。」效果來得好得多。

所謂人比人氣死人，沒有人喜歡被人批評，更沒有人喜歡被人批評不如人，大人如此，小孩亦然，為人父母者不得不引以為戒。

有理行天下

屬於我們的權益，應該勇敢的站出來爭取。

兒子隨他爸參加家長座談回來，哭了個浙瀝嘩啦。問他：「怎麼了？」先生一言不發遞過一張他剛領回的成績單——原來上面破天荒地出現了一個大B。

兒子自幼成績優異，被學區列為特優生（Highly Gifted Student），小小年紀，大小獎已得了不計其數。學業成績，更是年年全A^+，這也就難怪區區一個B，能讓他哭得肝腸寸斷。

兒子關在自己房間，又哭又叫，把他平日視為珍寶的填充玩具丟了一地。

待他發洩得差不多了，我走進他的房間，平心靜氣地試著找出他「自然科學」得B的原因。他說，他們這學期既沒考試，也沒做實驗，只交了幾次作業。這和我瞭解的差不多。我是個非常注意孩子功課的母親，兒子在校的點點滴滴，我都瞭如指掌。他所做的家庭作業，我也幾乎篇篇過目。所以，我敢說他交的作業，不敢說是全班最好的，但絕對是前兩名，老師實在沒有理由不給他A。

兒子的老師馬丁先生，是位負責任的好老師，對學生要求相當嚴格，分數也給得較低。但他滿喜歡兒子，和我們相處也甚為融洽，照理說，他沒有理由為難兒子，給他一個「不公平」的成績。

看兒子傷心難過的樣子，我很心疼，也有些生氣，於是立刻上電腦給他老師寫了一封信。信中除陳述兒子對此成績的失望與不平，希望老師解釋他評分的標準，並給予兒子日後改進的建議。此外，我更懇請他重新審查兒子此科的成績。

信寫好，拿給兒子看，此刻，他氣已消，人已平靜，看了信，反倒有些猶豫。原因是他怕老師看信後起反感，日後對他有所不利。我告訴他，老師是專業人員，絕不會因學生或家長合理的要求，而會有報復的行為。現在重要的，是他是否真的覺得老師給的分數有疑問。他說：「百分之百確定。」我說既然如此，信就一定要送，因為唯有這樣，才可消除他心中的疑惑；也唯有如此，才可瞭解他得B的真正原因，以為日後改進的依據。

在我堅持下，兒子不很情願地把信交了上去。信交後的次日，馬丁老師和我在停車場邂逅。他愉悅地和我道早安，並告訴我他已將兒子的作業重新看過，發現他「弄錯」了。兒子實際上應得的成績是A，所以他決定予以更正。更正的成績單將請校長重新簽字後，交由兒子帶回給我。我聽了，自然歡喜萬分，馬上連聲送上幾個謝謝。

兒子得悉自己分數得以更正，更是歡喜若狂。他感激萬分地對我說：「媽媽，謝謝妳，妳是對的，我是該為自己的權益勇敢地站出來爭取。」

聽了兒子的話，我無限欣慰。老實說，小學六年級的成績並沒有那麼重要，我之所以堅持要老師更正，主要是希望兒子能有「據理力爭」的勇氣。我要他瞭解，不該是我們的，就算送我們，我們也不能要。但屬於我們的，尤其是我們在意的，就應該毫不猶豫地站出來爭取。

不要隨便開門

害人之心不可有，防人之心不可無。

本地一家電視台，有鑑於北卡每年有數以千計的兒童失蹤，特別製作了一段名為《不要開門！》的新聞節目，以探討「獨守空屋」的孩子，在面對陌生人來訪時應有的自衛能力和警覺心。為了測試一般獨自在家的「小朋友」，遇有陌生人登門造訪時的反應和應變能力，該台派出一位男性工作人員，佯裝送貨員，帶著五彩繽紛的氣球和禮物，前去「拜訪」幾戶家長不在家的孩子（事先得到其父母的同意）。結果有百分之五十的孩子表現良好，對來者不是不理不睬，就是僅在屋內應話不肯開門。但也有近半數的孩子，雖然平日父母三令五申、耳提面命：「大人不在家，有陌生人敲門，絕對不許開。」仍不假思索地敞開大門「引狼入室」，甚至還帶該工作人員參觀他們的房間，令家長直呼不可思議！

電視台的調查結果的確讓人憂心。其實，應門本是一種直覺反應，不要說乳臭未乾的純潔小娃兒們，就是飽嘗世故的大人們，也沒幾個能耐得住聽見敲門聲不去開門的衝動。像我自己，以前是只要有人敲門，管他是郵差、送貨員、推銷員、募款的、問路的、借電話的、借洗手間的，或是來勸我信教的，我是來者不拒，從不讓人吃閉門羹。但隨著年歲的增長，闖空門、入屋洗劫的新聞聽多了，膽子愈變愈小。尤其在經歷那樁差點被誘中計的事件後，現在的我，只要弄不清對方的來歷居心，不論他（她）是誰，我是吃了秤鉈鐵了心，不開就是不開。

幾年前，有一天早上我正在整理屋子，聽見有人敲門，隔著門我問：「是誰？」對方答：「郵差！」我不疑有他正要開門，突然想：不對呀，郵差通常下午三點過後才會來，現在卻連十一點都不到。想到這，我的手收了回來，拉開窗簾往外瞧，赫然發現外面站著兩個工人打扮的彪形大漢。兩人沒想到我會突然拉開窗簾，嚇了一跳，隨即改口說他們是環保局派來做問卷調查的。我搖手說沒空，急中生智，抓起手邊電話假裝撥號。兩人見狀，慌忙轉身悻悻離去。沒隔幾天，街坊鄰居便傳出有人家遭宵小侵入。是誰幹的好事？沒憑沒據，我當然不敢說「鐵定」是那兩個傢伙，但他們司馬昭之心，依我看已表露無疑。

「上當學乖，經事長智。」那之後再有人上門，除非熟人或事先約好，我都是「隔窗答話」。遇到來者自稱郵差、警察，或政府官員，我會觀察他們是否穿制服，必要時，也會要求看他們的證件（隔窗看）。若是推銷員等閒雜人士，我一律敬謝不敏。萬一敲門的是要求幫忙者，我會告訴對方我可以代打電話求援，但想登堂入室，門都沒有。至於要借廁所？那就更抱歉了，因為咱們家所有的一號都「out of order」。

「害人之心不可有，防人之心不可無。」為人父母的，對不知人心險惡的無邪孩子，得叮嚀叮嚀再叮嚀，直到他們碰到陌生來者鼓起三寸不爛之舌高唱「小孩子乖乖，把門兒開開，我要進來」時，能應付自如地以「不開，不開，不能開，你是大野狼，不讓你進來！」回應為止。

可以關門，不可鎖門

親子間若能做到互信互重。門，真的是不需要鎖的！

一位十來歲的小女孩，因和弟弟吵架遭母親責罵，一時想不開，躲在自己房內懸樑自盡，待家人發現有異，撬開房鎖，女孩已香消玉殞，留下震驚不解的社會大眾，和悲痛內疚難以承受事實的母親與親友。

懵然不諳人間事的國小學生，竟會以自縊的方式結束生命，怪力亂神充斥的書籍和電視，無庸置疑扮演了謀殺者的角色。但，如果小女孩沒有鎖門的習慣，她母親是否會因有機會探頭查看，而適時阻止該悲劇的發生呢？

兒子小時，也喜歡把自己鎖在房裏，初時我不以為意，但有天夜裡地震，任憑我們喊破了嗓子敲壞了門，就是叫不醒鎖在門內的他。最後還是他老爸摸黑（停電）找來鑰匙，才進門把他「搖」醒，其時地也不震了。

飽受「五分鐘心震」後，我對兒子說：鎖門為防賊，父母手足非賊，不須防也不該防。再說，老媽心臟不好，禁不起這種驚嚇，以後可不可以不要再鎖門了？兒子見老媽驚魂未定的可憐相，倒也爽快地答應。

我想，時代是不同了，想當年我們那個時代，兄弟姐妹多人共擠一個房間稀鬆平常，也不見有誰舉牌抗議。而今社會富裕，人權高張，有樣學樣的小傢伙，個個懂得保障自己的隱私權，動不動就要求要有「自己的房間」。

孩子想擁有自己的房間，表示他已漸成獨立的個體，若環境許可，父母不妨成全。孩子想享有自己的隱私，把門關上不讓別人「不小心」窺知他的「秘密」，也無可厚非。但鎖門的舉動則應予以禁止，尤其不能讓它變成習慣。

避免發生緊急事件父母「不得其門而入」，固然是不讓孩子鎖門堂而皇之的理由。防止他們在屋中「為所欲為」，亦是另一考量。現今的孩子花樣多，尤其不知天高地厚的青少年，若允許他們的房間成為「閒人止步」的深鎖禁地，到時屋內成了火藥庫，父母恐怕還渾然不知。不准鎖門，至少讓他們有所忌諱，不會在房間亂來。

此外，父母也可依此做為瞭解孩子心情的指標。比方一個沒有鎖門習慣的孩子，哪天突然把自己緊鎖在房裡，父母很快就能察覺「事有蹊蹺」，進而提高警覺，適時找出「不對勁」的地方加以疏導。

當然，要孩子不鎖他們房間的門，做父母的對他們至少要做到最基本的尊重，比方：進他們房間前一定要敲門；他們不在家時，不要「私闖」他們的房間翻箱倒櫃、偷閱或移動屋內的任何物品；「好心」替他們清理房間前，最好也先得到他們的同意。

總之，親子間若能做到互信互重，門，真的是不需要鎖的！

失蹤兒

幼童的「失蹤」，有時僅在那眨眼一瞬間。

午後，寂靜的巷道突然車笛大鳴，由遠而近，夾雜著歇斯底里的吼叫聲。我關切地走出探看，就在這時，一輛紅色轎車咻地駛進我家車道，搖下的車窗探出一個腦袋嚷道：「妳看到傑克了嗎？」我傻愣愣地搖頭，還來不及問是怎麼回事？車已倒出急馳而去，留下漸去漸遠的喇叭聲與「傑克，你在哪？」的呼喚聲。

問話的婦人我不熟，只知她家住巷尾，每到黃昏，總見她牽著一條大黃狗，跟在她溜滑輪的兒子後面，在社區內散步溜狗。白天，也總見她五歲大的兒子，跟著一群半大不小的孩子，在馬路上跑來跑去追逐戲耍，有時有大人跟著，有時就只見幾個小傢伙。

「孩子這麼小，妳放心讓他自個兒在外遊玩？不怕發生意外嗎？」我曾暗示過一位母親，但她對我的憂慮顯得很不以為然，輕鬆答道：「我們這裡治安這麼好，在一起玩的又都是左鄰右舍認識的孩子，有什麼好怕的？」

真的沒什麼好怕的嗎？姑且不論孩子小警覺性不夠，容易被進出車輛撞傷或被歹徒誘拐；單就年齡來說，就該怕他們萬一不慎走失，認不得回家的路，又說不清家住哪時該怎麼辦？我之所以如此「杞人憂天」，實在是因為自己曾有過「掉孩子」的恐怖經驗，深知幼童的「失蹤」，有時僅在那眨眼一瞬間。

平心而論，我是個非常小心的母親，兒子小時出門，我總亦步亦趨看得緊緊的。即便如此，在他三歲大時，我還是差點把他給弄丟。記得那天我帶他到Mall玩，途中見有女娃手握汽球他也想要。我攔下女孩母親詢問汽球來處，哪知對方話才說一半，他已拔起小腿就跑，偏巧前方連著兩轉，待我匆匆謝過對方追去，他早不見了蹤影。當時我嚇得兩腿發軟、全身顫抖、僵在那不知該如何是好。幸虧就在我瀕臨崩潰的當兒，他小子拿著一個汽球、歡天喜地地不知從哪折回。我很難描繪當時我看到他那種失而復得、百感交集的心境。以為失去他的恐懼感，讓我至今仍是噩夢連連。直到現在，每次和大學已畢業的他同行，只要一轉身不見了他，我仍會驚懼恐慌不已。

過去每悉有孩童失蹤的新聞，我總直覺地以為「失蹤兒」只可能發生在不負責任的父母身上。直至兒子上演了那齣「失蹤記」後，我才意識到再盡職的父母，其實也會因一時的疏忽而導致悲劇的發生。「不怕一萬，只怕萬一。」為人父母者怎能不戒慎戒懼呢？

話再說回傑克，他在多位鄰居協尋下，終於在巷子旁的小溪邊找到。聽說找到他時，滿身沾滿污泥、毫髮無傷的小傢伙，正興奮地追逐著幾隻大番鴨哩。天真爛漫的小人兒沒事，但把找他的幾個大人可弄得心力交瘁，尤其是他老媽，更像在煉獄中走了一遭。不過由於「傑克事件」，巷裡的年輕媽媽們已提高警覺，有了危機意識，不再放任小不點在巷道上隨意遊蕩了。想來，這些孩子也算是因禍得福吧！

給孩子一點選擇的空間

孩子堅持走自己的路，父母應該尊重並給予祝福。

近年來，朋友的兒女相繼到了上大學的年齡，親子間因選校、選系意見相左，以致劍拔弩張、反目成仇的事件便時有所聞。追究勃谿翻臉主因，不外望子女成龍鳳的父母，基於現實、出路、出息考量，執意兒女選讀名校以及熱門科系，偏偏e世代的孩子個個有主見、重感覺、講興趣、堅持走自己的路，兩代間的衝突因之而起。代溝，代代皆有，無處不存，在兒女決定人生關鍵的時刻，更為突顯。

最近我在電視上看到一則頗為耐人尋味、值得為人父母深思的報導：一位已過知命之年的男子，對記者侃侃而談他的母親。「我知道她很愛我，但她要我凡事高人一等、逼我立志學醫的期盼，讓我倍感壓力。」為表達對母親的不滿，Pre-Med就快念完、成績全A的他，毅然跑去打越戰。雖然越戰打完歸來，他還是選擇了從醫，但如今「名利雙收」的他，對逝去的父親「很懷念」，對激勵他走上行醫之路已歿的母親，卻依然充滿了怨懟與不諒解。

自古以來，最痴父母心。做父母的為兒女，赴湯蹈火、做牛做馬在所不惜。可嘆的是，父母的用心良苦，兒女不見得領情，有時還會適得其反遭來怨恨。追根究柢，在於父母過於主觀，常自以為是地為兒女繪製未來藍圖。殊不知父母的經驗、想法固然可為借鑑，兒女的性向、興趣與理想更不可輕忽。父母的越俎代庖，非但會引爆兩代間的戰火，對兒女也不盡公平。

回想當年兒子在申請大學時，我和他也曾有過幾番爭執。我以自身的經驗，力薦他讀醫、商或工科，但他卻打著「興趣」的旗幟，偏要主選政治，副選英文。幸虧我有個寵兒子的強勢老公，在他保護傘下，兒子總算如願進入他想讀的學校和科系。而事實證明，三年下來，兒子非但本科系念得有聲有色，在詩作方面更是大放異彩，更重要的是，他念得得心應手非常愉快。

所以，多給孩子一點選擇的空間吧，畢竟往後書得他們自己念，路得他們自己走，生活也得他們自己過。我們做父母的，在善盡督導輔助之責後，接下來該做的，就是學習尊重與接受了。

尊重他們的決定、抉擇，接受他們選走的人生之路，然後給予他們大把大把最誠摯的祝福！

不要賣掉我的記憶

那些玩意或許一文不值，卻是件件戀之不捨的回憶。

好說歹說，懷柔外帶高壓，總算軟硬兼施、半強迫性地讓家中老小，「恩准」我把他們priceless的陳年舊物，以老美處理舊物的慣常方式——「車庫大拍賣」，一口氣全部清理掉。

居美多年，Garage Sale逛過不少，但多屬走馬看花觀光性質居多，對「店」內物品陳設、標價、銀貨兩訖等細節並未多加留意。為使此番Sale順利，開張大吉前，我決定先找家「店」再去觀摩見習一番。

主意既定，當個週末我起了個大早，安步當車走到隔巷一家「車庫大拍賣」。適時八點才過，巷道兩側已停滿車，車道上人聲沸騰。「早起的鳥兒有蟲吃」，想要在「車」中尋得好貨，除要選好區，還得趕早以免向隅。

擠在人群中我走呀看地，心中逐漸有譜。離去前，心想總得意思一下買個小東西，隨手便抓了個擺飾用的小白狗，掏出二元五角遞給女主人。

「Please don't sell my memory!」突然，一個約莫七歲的小男孩由女主人背後鑽出，苦苦哀求著。

女主人有些尷尬，解釋小白狗是男孩兩年前用陪父親打高爾夫球時撿來的小白球自製而成，難免有些不捨，但是：「他的東西這麼多，房間堆得像倉庫，不清掉一些怎麼行。」女主人對我，也是對她兒子說。

小男孩撇了撇嘴，想要哭的樣子。我看了於心不忍，把狗遞還給他。「送你！」我說。但女主人不允，她指了指覬覦在側的兩個女孩說：「謝謝妳的好意，但我不能讓他收回，否則他的姐妹也會做同樣的要求，這麼一來，我的清倉計劃豈不泡湯！」

女主人堅定的眼神，逼我不得不歉然地拿著狗兒離去。回家路上，我忍不住暗責那位母親的小題大做。心想區區一個小東西，能佔掉多少空間？就算是吧，難道溢滿小人兒甜蜜回憶過往的小室，遠不及一塵不染、井然有序的房間來得彌足珍貴、值得珍惜嗎？

正嘀咕著，手上的小白狗突地變成大泰迪熊；小男孩撇嘴的小臉蛋，也換成兒子不捨的臉龐；而那打著「清倉」旗幟、鐵面無私的老媽，仔細一看，唉呀呀，那不正是我自己嗎！

想到此，心一悸，心緒不覺飛到自己存放在餅乾盒中的斷腿玻璃小鹿、變色k金耳環……上。在別人眼中，那些玩意或許一文不值、早該丟棄；但對我而言，卻是椿椿美麗的故事、件件戀之不捨的回憶。也正因為如此，一直以來，我都把它們當寶般地伺候著。

既是如此，將心比心，我又何忍非要賣掉先生、兒子不捨的寶物呢？縱使那些「寶物」已過時或殘缺不全，但畢竟曾帶給他們歡樂，鑲嵌著他們難忘的記憶。

愈想愈覺心虛，回家立即宣佈取消「拍賣」計劃。兒子一聽，高興地歡呼起來，先生則半安慰半調侃我道：「沒關係啦，家裡就算擁擠不堪似豬窩，至少裡邊住的都是快樂豬！」

就這樣，我的「店」尚未開張，為了一隻小白狗，只好關門大吉了。

那正是我要的快樂

快樂來自慈悲胸懷，來自對「施比受有福」的領悟。

週末逛購物中心，在節慶味濃的長廊上，看見一處由尼龍繩索圍起的「樂捐」區，裡面堆疊著各式各樣的玩具。我對五歲的兒子解釋：「那些玩具是有愛心的好心人，特別買來送給城中一些貧困孩子的聖誕禮物，讓那些可憐的小朋友也能和一般孩子一樣，過個快樂溫馨的節日。」

兒子聽了我的解釋，二話不說咻地一聲就把手中玩具盒丟了進去。他的舉動嚇了我一大跳，一時之間不知如何應對。好不容易回過神來，這才面紅耳赤地彎腰把玩具盒搆出，邊說：「這不是你吵了很久想要的鐵金剛嗎？」邊嘗試著把剛從玩具店買的玩具塞還給兒子。但兒子說什麼都不肯接，堅持要把「它」捐給那些「可憐的小朋友」。

「你真的要捐嗎？你把它捐了，你就沒有囉！」我見兒子不肯收回，又瞥見有人圍觀，感覺有些騎虎難下，略帶「威脅」地問兒子。兒子堅定地頻點頭。我雖然有些捨不得，但想難得他小小年紀就有這悲天憫人的好心腸，也只好順他意，讓他親手把玩具盒又丟了回去。

牽著兒子轉頭離去時，我聽見有人鼓掌，有人誇讚兒子：「好乖，好有愛心。」低頭看見兒子羞澀的小臉泛著快樂的微笑，不知怎麼著，我驀地想起大弟、那把無緣吉他，以及那位幸運的男孩……

那年，讀國三的大弟突然對音樂著了迷，成天「夢想」有把電吉他。我很寵這個弟弟，為幫他達成心願，不惜傾囊相助，在他生日當天，把我存了多年的積蓄，一古腦全給了他。看他打開卡片，看到那份「大禮」時的驚喜表情，讓我喜不自勝，覺得為他做的一切都值得，更何況只是區區的「身外之物」。

可是，日子一天天過去，卻始終不見吉他的蹤影，我忍不住探問大弟「巨款」的下落？得到的答覆竟是：「捐了。」「捐給誰？」我訝然。「我們班上急病的同學。」他答。「那麼多錢，你全捐了？」我瞠目結舌，難以置信地問。「對呀，他家窮，需要很多錢！」他理所當然地答，一點也沒注意到我臉色的轉變。「那你的電吉他怎麼辦？錢全捐了，你用什麼去買？」想到省吃儉用好不容易才攢下來的錢，就那樣給他「浪費」掉，心裡滿不是滋味。他一派輕鬆「沒關係，吉他等我以後有錢時再買」地回答，更叫我有氣。憋了半晌，我忿忿撂下一句：「那你就慢慢等好了。」轉頭離去。

見我拂袖而去，憨老弟這才意識到苗頭不對，追著問我：「怎麼了？」「你明知那錢是我送你買吉他的！」我餘氣未消提高嗓門道：「我以為吉他會帶給你快樂，誰知原來你吉他有無皆可，早知道……」「那正是我要的快樂！」不等我說完，大弟打岔道。我疑惑地望向他，他則滿臉誠摯地輕聲說：「你送我吉他，不是希望我快樂嗎？同學有難，我能適時伸出援手，那正是我要的快樂！」

「那正是我要的快樂！」大弟當時說那話時臉上散發出的光輝，讓我至今難忘。他「人溺己溺」悲天憫人的慈悲胸懷，讓他行在人生道路上，不但恩澤他人，使他周遭朋友受益良多，也讓他自己恆常沐浴在喜悅的春風裡，誰說施不比受有福?!

媽咪，求求妳不要再囉嗦了好嗎？

關心與囉嗦，僅有一線之隔。

兒子放學回家，帶回一張「母親的畫像」。哇塞，沒想到這小子畫得還真不賴，老媽的頭是頭，身子是身子，就連那雙八字腳也畫得唯妙唯肖。只是，只是那張嘴，那張齜牙咧嘴像要吃人的血盆大嘴，畫得未免離了譜了吧?!

聽見老婆在旁嘰哩呱啦嚷著兒子把老媽的嘴畫走了樣，先生好奇地湊過頭來瞧。這不瞧還好，一瞧可把他老先生樂歪了，只見他一邊頻誇兒子畫得「傳神」，一邊和那得意洋洋的小子交換個「會心的微笑」。見他爺倆心照不宣的曖昧之笑，我如醍醐灌頂，這才恍然大悟那「傳神的大嘴」意指為何，不覺怒火中生。

我因個性使然，自幼沉默寡言。及長，雖因嫁了個能說會掰的大蓋仙，耳濡目染不再惜字如金，但總括說起來，仍是「慎言」時的多。爾後，兒子誕生，為使他在先生「絕對不打，盡量少罵」的育兒指令下，不致是非不明、黑白不分，我只有勉強自己勤開「尊口」、絮絮叨叨地循循善誘。哪知苦口婆心的結果，卻為自幼被老爸笑為「三棒子打不出一個屁」來的閉葫蘆，贏得了個「囉嗦大王」的「美譽」，怎不叫人慨嘆「十年河東，十年河西」呢！

「我真的有那麼囉嗦嗎？」看著那張不成比例的大嘴，我既氣且惱外帶幾分迷惘地問。事實上，每當兒子用近乎哀求的語氣向我告饒道：「媽咪，求求妳不要再囉嗦了好不好？」時，我總會這麼自問。然而每次思前想後，反省再三，卻始終無法說服自己有那句話不該說或多說的。提醒他冷天加衣，熱天脫衣；過馬路眼觀四面、耳聽八方；看書寫字注意光線、距離；飯前洗手，睡前刷牙；少看電視，多讀書；少吃糖果，多吃蔬菜、水果；難道這些關懷之言、叮嚀之語都是多餘的？都不該說？都是囉嗦之詞？

「很多事，妳只要說一遍就行了，反反覆覆地說，別說兒子，就連我都聽煩了。」先生曾這麼說過。「就是嘛！媽媽說的好多話，我都會背了。」兒子也曾這麼附議過。「問題是我說一遍有用嗎？」每次我都這樣抗辯，並不假思索地就能舉出一例。「就拿你咬指甲來說，我從你一歲講起，講到現在，你照咬不誤。要是我第一次說你，你就聽了，那我這十年來的『囉嗦』不全可省了。」後三句話，往往是先生和兒子學我語氣，異口同聲說出。

「有時候妳真的是滿囉嗦的。」先生在那開了腔。見我面有慍色，接著半開玩笑半安慰道：「不過這也是沒有辦法的事，誰叫妳是個負責任又疼愛兒子的好媽媽。因為愛，所以妳才『吃多怕他撐，吃少怕他餓』地在旁窮嘀咕。因為疼，所以妳才允許『言者諄諄，聽者藐藐』的情形發生。想想看，要是妳不關心他，或是在妳第一次說他不聽，就懲以嚴法，比方把他十個指頭剁下來，相信妳成天跟在他屁股後面叨個沒完的事也就不會發生了。」

「好啦！聽你說的什麼話！」聽先生似褒帶貶地「分析」，我訕訕但由衷地說：「或許我是囉嗦了些，以後我會盡量節制，盡量少說他就是了。」正說著，無意間瞥見兒子正趴在昏暗的飯廳地毯上看書。本能地，我蹦了起來，朝他走去，邊開燈邊說：「看你，看書為什麼不坐到椅子上看。黑漆鴉烏的，也不知道開燈，你不怕近視啊？跟你說過幾百遍，你爸家的人都是近視，你若——」

話說到一半，被兒子長長的一聲「媽——」打斷，看他投來「媽咪，求求妳不要再囉嗦了好不好」的眼神，想想先生剛剛說的話，再想想自己才許下的「諾言」，我嘆口氣道：「沒辦法，誰叫我是你媽嘛！我看，你就只有認了吧！」

大意失荊州

申請學校變數多，安全起見應多申請幾間。

一位參加今年台灣大學聯考的考生，雖考出一份傲人的成績單，卻因志願表上只填台大醫學系，而以0.08分之差名落孫山。新聞刊出後，聞者莫不訝然、扼腕而嘆。由於報導並未詳載該生何以只填選一個志願，確切原因不明，但可想而知，「過於自信」必扮演了極其重要的角色。

今年年初，正當美國各大學研究所放榜之際，兒子一位同學突然十萬火急發了個伊媚兒給他，要他速與她聯絡。待兒子找到她，女孩在電話裡哭了個淅瀝嘩啦。問其原因，原來她被原以為「鐵定」會被錄取也是她唯一申請的研究所拒絕了！

「如果早知她只申請一所學校，我會勸她多申請幾間的。」兒子有些遺憾地說。就我所知，那位對寫詩情有獨鍾的女孩，在校成績頗佳。由於她是家中獨生女，不捨遠離父母，故而僅申請了住家附近一所「不怎麼樣」的大學。哪知那所泛泛之輩的大學，竟沒錄取她這位名校的高材生！

高材生無校可讀，實非天方夜譚。記得兒子當年在申請大學時，他們學校的升學輔導顧問就耳提面命、再三叮嚀學生：「不論你的成績再好、再有把握，也萬萬不可只申請一所學校。」她的緊張憂慮其來有自：年前該校一位榮譽生，跌破所有人眼鏡，被一所特定大學回絕了。由於該生只申請那麼一所學校，輔導顧問特別為他到該校去查，得到的答覆是：「不錯，該生的確優秀，但比他資格好的大有人在，我們只好抱遺珠之憾了。」學生得知結果，哭了個肝腸寸斷，但生米已成熟飯，再傷心難過也於事無補。

在美國申請大學，是件人人都「有希望、卻沒把握」的事。蓋因各大學審核入學標準不同，有的學校迷信分數；有的學校著重領導才能、社區服務；有的學校則觀整體，亦即學生全方位的表現。此外修課難易、才藝、高中學校聲譽、輔導顧問與入學主審間的互動關係、甚至申請者一篇感人肺腑的「自傳」，都可能影響到學生的錄取與否。加上申請者的人數與素質年年有異，除非接到學校「錄取」通知，否則沒人敢打保票，鐵齒自己「一定」能入某校。

基於以上理由，申請大學即便是件冗長繁瑣、令人心力交瘁且極其花錢的事，但既然有心深造，為免功虧一簣，輸在臨門一腳上，申請時絕不應為怕麻煩、怕花錢，或太過自信而局限在一二所學校上。

不妨多費點功夫、花些錢、humble一點，多選幾間學校申請。寧可到時手中握有多所錄取學校「不知從何挑起」，也不要因「意外落榜」而有大意失荊州之憾！

原則

管教孩子，時機一定要對。

一天下午，好友王氣急敗壞打電話給我，說她前早和女兒發生激烈爭吵，雖然當晚兩人已經言合，仍讓她餘悸猶存。問她：「為何爭吵？」她說上高中的女兒早上起來沒疊被就急著外出，被她阻擋。就那樣，一個硬是不肯疊，一個硬是不讓走，兩相僵持之下，爆發嚴重口角。我說：「妳女兒或許在趕時間，妳就不能通融一下嗎？」她說：「不行，這是原則問題，她若怕遲到，就該早起。」

這讓我想起二十多年前的一件往事。有一次幾家朋友聚會，其間一位小男孩不知怎麼弄哭了主人家的小女孩，小男孩的母親很生氣，要小男孩向小女孩道歉，小男孩卻抿著嘴說什麼都不肯。主人為息事寧人直說：「沒關係。」我們也在旁勸說：「算了。」但小男孩的母親卻堅持：「做錯事，一定要道歉，這是做人的原則。」其結果不難想像：沒多久又多了個咧嘴大哭的孩子。

那件事讓我印象深刻。而就我多年觀察的結果，我發現許多父母，包括我自己在內，最常犯的一個錯誤，就是認為孩子「犯錯」若不「當場」糾正，以後要改正他們就難矣。其實這種想法並非正確，孩子要教、要管，但時機一定要對。若是時機不對，弄巧成拙，反而容易出問題。再說孩子偶爾犯錯，不疊被或違反其他「家規」，有必要拿著「原則」當令箭，非弄到劍拔弩張的地步嗎？

父母和兒女，由於經歷和立場的不同，很多時候難免呈對立狀態。一如《海底總動員》中尼莫（Nemo）的父親因經歷妻兒被鯊魚瞬間吞噬的痛楚，深知大海的險惡與鯊魚的可怕，因此對唯一倖存的尼莫行動多所限制。但「初生之犢不怕虎」的尼莫並不瞭解父親的苦衷，對父親多方阻擾自己和其他小魚兒一塊悠遊大海的做法很不諒解，進而有了不聽父親忠告擅自闖入深海的叛逆舉動，終將自己陷入被漁夫捕捉的險境。雖然電影以「尼莫被救回，父子團圓」的喜劇收場，但仍讓我們為人父母者捏一把冷汗。

《海》片提示我們的是：孩子也是獨立個體，有思想、有情緒、有個性。父母有教養責任，要教、要管、要定規矩讓孩子遵行，這些無可厚非也確有其必要性。只是，既然「希望孩子好」是我們做父母的終極目標，那麼在幫助他們邁向「錦繡人生」的過程中，孩子偶爾觸犯父母所定的「原則」、「規矩」時，父母多一分寬容、多一分體諒、多一點彈性、多一點退讓，親子關係想必會更為融洽親密吧。

閒話選擇

人生沒有保證，有的只是一連串的選擇。

去年十月中旬，和朋友通電話，她說：「最近好煩喲，女兒就要申請大學，不知該讓她們申請哪些學校才好？」今年三月兩人再通電話，她又笑嚷：「最近好煩喲，女兒申請的大學已陸續放榜，錄取通知紛至沓來。其中有近在咫尺的公立大學，也有遠在丈八遠的私立名校。真不知該讓她們選上哪才好？」

朋友的煩惱我懂，因讀名校前途雖看好，但雙胞胎女兒若一起念，不但經濟負擔沉重，一家分隔東西兩岸，牽腸掛肚也怪難過的。然而，若捨遠求近讀公校，雖合經濟效益又免相思之苦，但對兩個有心深造的丫頭來說，卻恐生不利影響。因加大素質再好，比之頂尖私立名校總是略遜一籌。思前想後，兩校相比，各有利弊、各有千秋，選擇起來還真豈是一個「難」字了得！

選擇，這是我們每一個人從生到死，除頭尾之外，畢其一生必須不斷面對的問題。由穿衣、飲食、就業、就學、擇友、擇業、選車、選房、生育、購物等，幾乎無時無處、無事無物，不得不在二、三，或四種可能中做一抉擇，挑出唯一適當、適時、適用的。

在過去保守權威的時代，我們的許多選擇，都由父母、師長替我們包辦了。譬如上學，女生一律清湯掛麵、白衣黑裙；男生一律三分頭、白衣黃卡其褲。上大學，聯考一試定江山，科系學校全由分數來定，由不得我們挑選。就算交男女朋友、選職業，也常父母說了才算數。不過當時選擇雖少，相對地煩惱也少。

而今，科學進步、思想開放，可選擇的選擇多了，煩惱跟著也多了。比方早晨起來，是吃稀飯、醬瓜、燒餅油條，還是三明治？上學，是穿裙子還是長褲？裙子，要穿短的還是長的？買電腦，要桌上型的還是手提型的？選Dell、HP還是Gateway牌的？上大學，要選社區大學、公立大學還是私立大學？科系，文理工商任意挑，但究竟該挑哪校哪系才有前途和錢途……

選擇，如果知道答案，選起來自然輕鬆愉快。好比考選擇題，如果知道答案，不論三選一、四選一甚或複選題，總能選出正確答案。反之，就算二選一，挑來選去，最後還是會答錯。老公和我就有那麼一次經驗：兩人同去賭馬，七匹押了六匹，結果跑出來的偏是那匹沒賭的跛腳馬，看得我們是目瞪口呆，連聲嘆絕！

有的選擇選來容易，對錯也無關緊要，好比選哈蜜瓜，就算選了個空心瓜，頂多把瓜丟掉沒什麼大不了的。但有的選擇則難為，而且一旦選錯後果不堪設想，比如在母親與太太，或太太與情人之間選，選不好，「代誌可就大條了」！而「女怕嫁錯郎，男怕選錯行」則是「選擇難、難選擇」的另一例。

在朋友聚會中，常見男士被考問：你們一家同船出遊，船翻，會游泳的你只能救一人，你會救誰？母親？太太？還是兒子？此時，聰明的男士多眼觀四方、耳聽八方，見三人誰在場就救誰。若有兩人以上在場，則以「問題無聊，拒答」做為「標準答案」（因若答以「誰也不救」以示一視同仁，仍會替自己惹上麻煩）。可見選擇也會因時地人的不同而有不同的選擇。

近年來，或許因年事漸長，心境變得豁達，每聽有朋友因兒女學業、事業，或婚姻選擇不如己意而顯憂心時，我總勸她們：「人生每個階段只能走一次，沒有人能保證我們的選擇一定比子女的好。所以，在他們做出選擇前，我們或許能提出建議與勸導。但一旦他們做出選擇，父母能做的就是鼓勵與祝福了。」的確，就像我老爸在世時常說的：「人生沒有保證，有的只是一連串的選擇。」只要兒女在選擇時經過深思熟慮，即便結果未盡人意，那又何妨？因為那畢竟是他們自己的選擇。更何況很多時候失敗的終點，也正是另個成功的起點。受了挫折，重新站起，再做一次選擇就是了！

難放她的手

唯有放手，孩子才能心無旁騖的往前行。

結拜姐妹左的獨生女明秋將上大學，她這做媽的不捨情結已在近日逐漸顯現。「這丫頭從小嬌生慣養，哪吃得了外頭的苦！」「她向來不做家事，離開家哪能生活？」「她從沒離開過家，哪知外面世界的險惡！」「沒有我們照顧，恐怕她撐不了幾天就會鎩羽而歸。」每次和我通電話，左總憂心忡忡述說著女兒的任性不獨立，把在我看來明明是個靈活聰敏的大女孩，描繪成手無縛雞之力的生活小白痴。做為一個「吾家有兒初長成」的過來人，我很能理解左此刻的矛盾心境，瞭解她的惶恐不安與焦慮，其實全來自於一位母親對女兒的難以放手。

放手，對一般做父母的而言，可說是育兒過程中最艱澀難修的一門課程，也是最難以橫跨的一道關卡。做父母的，自己願意吃苦，可以耐勞，願意由失敗中學經驗，也可以由挫折中重新站起，但偏就不願讓自己的兒女吃苦受罪，更不捨見他們遭受挫敗。因為這份不願不捨，使得許多父母遲遲難以放開兒女的手，殊不知在無意中，卻也阻礙了兒女展翅高飛、開創自己新天地的先機。

兒子是我老蚌生珠，而立之年喜獲的寶貝，由於是長子又是長孫，從小可說集三千寵愛於一身。加上他有個超級寵爸，從小到大，餓了，只要說聲「餓」，老爸馬上湊上前問：「要吃什麼？西式還是中餐？外賣還是老爸做？」渴了，只要喊聲「渴」，老爸立即迭聲請示：「要喝什麼？果汁？汽水？還是開水？果汁！哪種果汁？柳橙？葡萄？還是檸檬？」如此凡事「老爸」服其勞，捧在手心上養的結果，想讓他不成「飯來張口、茶來伸手」的生活白痴也難。

兒子高中畢業，想到他「什麼都不會」，我是說什麼都不放心讓他獨自離家到外州讀大學。怎麼辦呢？只好舉家遷徙，兩老跟著去陪讀。也正因為如此，當我聽說他大學畢業後，將選擇麻州哈佛法學院繼續深造時，我是多麼地震驚，忍不住央求他說：「兒子呀，老爸、老媽老了，沒有精力再搬家，你就留在原校念好不好？你們杜克法律系也很不錯嘛！」哪知他聽了睜大眼說：「媽，我都多大了，你們還要跟呀?!」這下輪到我瞠目結舌：「你……你不打算要我們跟？你……一個人，行嗎？」

他大笑，語氣堅定地說：「放心啦，沒問題的！」看我戀戀不捨、不放心的樣子，他貼心地摟住我柔聲道：「媽，是該放手的時候了，你們就放我單飛吧！」

就這樣，在不捨不安、淚眼婆娑中，我們放他獨行。沒想到這一放手，過去我認為不可能長大而不敢放手的兒子，卻在一夕間長大了。「瘦骨嶙峋、長髮及地、滿臉鬍腮——」我所擔心的落魄狀非但未曾出現過，反而見他活得瀟脫、爽朗、樂在其中。兩年下來，他凡事躬親的結果，人變得成熟而穩健，生活歷練明顯助長了他的成長。放手後的他，顯得那般自信、豁達，對未來充滿憧憬與希望。他終於走出了他自己的人生！

基於我自己的經驗與體認，我勸慰左說：「放心放手吧，相信女兒的潛能，相信她比妳想像中的堅強，相信她能活出她自己的一片快樂天地來。唯有妳放手，相信她，祝福她，她才能心無旁騖地往前行。放手很難、很痛，但當妳看到放手後所結的甜美果實，妳會發現適時地放手，絕對是必要而正確的！」

和孩子談往事

既可舊夢重溫，又可加強親子關係。

兒子小時，每晚睡前，我總會說個故事給他聽，由中國童話、格林童話、安徒生童話，到伊索寓言，中間也常夾雜著「媽媽小時候的故事」。兒子對「媽媽小時候的故事」特別感興趣，每每張大眼聚精會神地聽，不時發出咯笑與驚嘆聲，窺知媽媽秘密的驚喜，使他的心靈與我更為接近。

我愛和兒子談往，不單想與他分享我的童年世界，也是希望藉由我的描述，幫他認識外公、外婆和姨舅，讓他瞭解這些人，不僅只是老師叫他畫family tree（族譜）時掛在枝椏上的名字，也是與他心血相連的至親骨肉。

兒子生長在美國，僅隨我們蜻蜓點水似地回過台灣幾次。雖然他的中文聽講不成問題，但要他在有限時間內記住每個人的名字、容貌，外帶和自己的親屬關係，談何容易？更遑論進一步培養感情了。

為彌補時空造成的隔閡，我將童年往事編成故事，用輕鬆逗趣的方式，誇大的聲音表情，將故事中的主角人物，也就是我的父母、手足，一一介紹給他。而他總是津津有味地聽著，不時打個小岔，問些問題；很多時候，也會用心找著自己與故事中人物的共同點。

比方我說：「二舅和三姨貪嘴，咕嚕咕嚕，誤把哮喘藥水當汽水喝下。唉呀，不得了，身體怎麼漲成大氣球，快送醫院打點滴！」他會張大眼，若有所悟道：「難怪我一歲時會一口氣吃掉半瓶維他命，原來是遺傳呀！」

當我講到：「媽媽帶小舅到租書店，突遇地震，大夥倉皇逃到屋外，卻不見了小舅。『放開我，我要找我弟弟！』媽媽使命往店裡衝，老闆偏就拉著媽媽不肯放。兩人拉扯掙扎間，地靜燈亮。媽媽踉蹌奔入，霎時傻了眼——只見小舅像個沒事人，仍坐在那把小凳上，神色自若地看他的漫畫書！」時，他如獲同好，高興道：「怪不得上回六級地震都震不醒我，原來我和小舅一樣耐震。」

故事聽多了，兒子對故事中的人物，由生疏、熟諳，進而衍生出感情。在他潛意識裡，對外公、外婆和姨舅，不知不覺中平添諸多親暱與血濃於水的認同感。往後再見面，那種兩代間濃郁的親情，便自然流露於他的言行舉止間。

和兒子談往，不但讓我有機會舊夢重溫，也以間接漸進的方式，為他搭建起與上一代親人的情感橋樑，一舉兩得，這也難怪至今我仍喜歡和已上大學的他，三不五時地說起：「想當年外公他……」

家有害羞兒

害羞是個性不是缺失，不必逼孩子非改正不可。

朋友帶著女兒來串門子，和我有說有笑聊地不亦樂乎。而她三歲大的女兒，在我們近一小時的閒聊間，始終摟著她媽的脖子背對著我。朋友叫她叫人她不肯，我拿玩具給她玩她也不理，就那樣紋風不動地趴在她媽的肩上。

「這孩子太害羞了，見人就躲，真不知該怎麼辦才好？」朋友憂心忡忡地說。

我笑答：「孩子小時害羞，不表示大了仍會害羞。再說，害羞是個性，不是毛病，更非缺陷，妳不必太在意啦。」我嘴裡說著，心裡不禁想到我家的害羞兒。

兒子害羞個性自幼即見，我們雖想盡辦法糾正輔導，但效果不彰。譬如我們找小朋友來家玩，他只願讓對方分享他的玩具，卻彆扭地不願一塊玩。又如我帶他去playground，一大堆孩子在那玩蹺蹺板、盪鞦韆等，唯獨他只肯躲在我背後「欣賞」別的孩子玩。

上了小學，兒子害羞情況仍未見改進。為引誘鄰居孩子來找他玩，我們特地在前院放上籃球架，並備妥餅乾、糖果。結果小朋友來了，他卻躲在屋裡不肯出去。下學後遇有同學來找他，他也是能躲就躲，實在躲不了，就「派」我出面把對方打發走。

小五暑假，我們聽說兒子學校小六生經常要上台做即興演講，擔心怯場的他無法應付，特地送他到附近一位小學老師家學「演講」。害羞的兒子在好強心驅使下，對我們的安排倒是欣然接受。沒想到這無心插柳，卻在幫助他克服害羞心理上，扮演了極其重要的角色。

話說一個暑假下來，照我看兒子害羞依舊，但老師同學對他「妙趣橫生」、「辯才無礙」的佳評卻不斷傳來，令我頗為意外。漸漸地我也注意到，他在陌生人面前雖仍矜持靦腆，但和熟朋友在一起，卻已能高談闊論、談笑風生。

訓練生信心，信心給了他走出害羞的勇氣。雖然「江山易改，本性難移」，天生害羞的他雖無法像一些外向孩子般能說善道、八面玲瓏，但對該面對的人物事，已不再刻意迴避。大四那年，他更跌破我們眼鏡，在學校開了一門「亞美詩選」，上台授起課來。

那天，在高堂滿座的大廳，看他妙語如珠介紹著專程由佛州請來的知名詩人，聽台下時起的笑聲和掌聲，我們既驕傲又驚喜，難以想像站在台上神態自若的大男孩，會是我們家那個當年連正眼瞧人都不敢的害羞兒。

就我觀察，害羞的孩子多半個性內向、敏感、容易受到驚嚇；對朋友的選擇也較為挑剔，偏愛與心地善良、沒有攻擊性的孩子做朋友。「害羞是個性，不是毛病、或缺失，做父母的不必驚慌，或非逼他們『改正』不可。反之，對這種孩子，我們要有耐心、多予體諒、多做鼓勵，對他們『羞於見人』之實，應盡量避免強化、批評，或譴責。」這是我對朋友的忠告。

魚與釣竿

家財萬貫不如一技在身，教育則是最好的投資。

聖誕暨新年假期甫過，各大學錄取通知紛至沓來。朋友兒子不負眾望，申請的學校全數上榜。朋友興奮之餘，煩惱也接踵而至：不知該花大錢讓兒子念私立名校？還是讓他選讀提供四年全額獎學金的公立名校？為找萬全之策，她來就教於過來人的我。

多年前，我也曾面對過同樣的難題。當時我的想法是：反正都是名校，公私立有何差別？但學雜費四年下來，卻有近乎二十萬（美金）的差異，這對單薪家庭的我們來說，不可說不是一項沉重的負擔，因此偏向主張兒子就讀公立大學。

然而，「迷信」美國大學排名的老公，卻堅持讓兒子去念排名在前的私立大學。他的理由是：私立名校一般來說，師資比較優良，教學設備比較完善，師生人數比率比較低，加上學校財力比較豐厚，學生比較能得到較為周全的照顧。

「家財萬貫不如一技在身。我們沒有太多的魚給兒子，只能送他一支好釣竿，和能傳授他高超釣技的地方。」老公勸我眼光放遠，不要太計較眼前的金錢損失。

事實證明，老公的抉擇是對的。兒子在學生少、班級小、學校資源豐富的環境中受教，如沐春風、如魚得水。有了良師益友的教導與切磋，兒子杜克大學畢業後，順利進入另所哈佛法學院。之後，又順利取得律師執照，並找到一份待遇優渥的工作，從此平步青雲。

教育本是一種投資，只要投資得宜，高報酬率應該是可以預期的。

當然，就讀私立名校，究竟是利？是弊？是物超所值？還是浪費金錢？這是見人見智的問題。我們兒子的例子，只是我們的個別經驗，並非標準答案，也絕非唯一答案，只是提出做為朋友參考之用而已。

笑談胎教

對胎教，我不再敢斥它為無稽之談。

都說現今社會競爭激烈，一個人要想生存，不被淘汰，就得先馳得點，贏在起跑點上。而這起跑點，由小學、幼稚園，已一路退到母親的子宮裡。胎教的重要性，也因此被渲染得甚囂塵上。

對胎教之說，我始終嗤之以鼻。依我推理：要是看俊男美女照片，就能生出貌似湯姆·克魯斯或珍妮佛·安尼斯頓的兒女；聽名歌名曲，就能生個才若蕭邦或貝多芬的後代。那滿街跑的，豈不應該都是俊男美女、音樂奇才嗎？那還談什麼教育？又論什麼遺傳基因呢？

因著不信，我在懷孕期間，既沒貼林青霞或秦漢的照片，也沒去精研達爾文的進化論或愛因斯坦的相對論。適時我們剛搬到印州首府印城，住在僅有巴掌大的小公寓裡。由於人生地不熟，沒朋友又沒地方可去，每天我只好待在家裡看電視，或是朗讀手中僅有的兩本中文書——《唐詩三百首》和《古文觀止》。

兒子出生後，對電視出奇地著迷。嬰兒期，每當他吵鬧啼哭，只要把他往電視機前一放，他馬上破涕為笑，手舞足蹈起來。幼兒時，芝麻街和卡通影片，他是每日必看。上學後，下學回家第一件事，往往便是開電視。他的家庭作業，也多半是在電視聲光影像中完成。

上了高中，學校課業加重加深，他無法再邊看電視邊做功課，看電視只好移至與吃飯同時進行。如今進了法學院，課業繁重到連吃飯時間都沒，他仍無法忘情電視，每天千方百計得擠那麼丁點時間，看看電視新聞、益智節目，或電影街什麼的，過過乾癮。

除了電視，兒子的另一最愛，便是書籍，尤其是詩選。記得小時候帶他去購物中心，經過玩具店、糖果店，他視若無睹。但一見書店，馬上一頭鑽入，識途老馬地直攻兒童圖書部，抓起幾本書（特別是《鵝媽媽》童詩選集），一屁股坐下，就那樣閱讀起來。

對兒子的著迷電視，我雖不贊成，但因他看的都是「知性」節目，又沒影響他在校成績，我也就姑且睜一隻眼、閉一隻眼。但對他對詩的著迷，因怕他走火入魔，從此立志當「詩人」，清苦一生，我是卯足了勁「洩他的氣」。

然而，我的努力終不敵兒子的毅力。他上大學後，不但短詩、長詩，修了一大堆有關「詩」的課程，並在大四時開了門「亞美詩選」，自己教授起詩詞來。此外，他在各報刊雜誌發表了不下百篇的詩，得到的獎章更是不計其數，在美國詩壇可說大放異彩。

如今看兒子的性向和走向，再回想當年他在我腹中時我的生活作息和所作所為，不覺嘖嘖稱奇。對胎教，我不敢說已信服得五體投地，但也不再敢斥它為無稽之談了。

事實上，拜現代尖端科技之賜，醫學界已證實胎兒是有生命的，適當地胎教也有其具體成效。但這適當的胎教，應是鼓勵孕婦保持愉悅的心境，再藉由音樂、愛撫、對話，讓胎兒感受到溫馨與被愛，繼而引發他（她）的潛能。而不是灌與填鴨似的「惡補」，在肚中將其塑造成「天才」或「明星」。如果胎教的意圖是那般，提前「三娘教子」、讓孩子尚未出世就領略到競爭壓力的結果，恐怕愛之則適以害之了！

偷夢的人

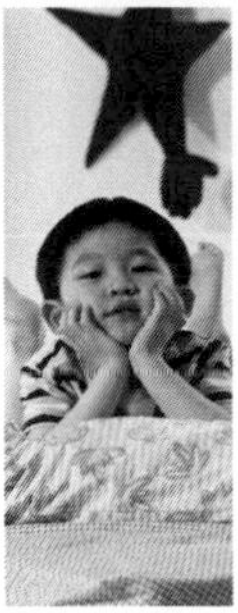

為兒子織夢的同時，卻已悄然偷去了他的夢。

如雷掌聲中，兒子昂首闊步登上頒獎台，由教授手中接過獎狀及獎金，依序站在衣香鬢影及西裝筆挺的其他得獎男女同學旁，再次接受滿堂父母師長的鼓掌祝賀。

這是杜克大學第十三屆藝術獎的頒獎會場。我坐在台下，遙望榮獲美國詩人學會大學組新詩首獎喜孜孜的兒子，心中百感交集。對兒子的獲獎，我除覺欣慰與驕傲外，另也摻著絲絲愧疚與如釋重負感。

不知是遺傳基因作崇？還是懷他時讀多了《唐詩三百首》？總之，兒子從五歲自寫自畫出了第一本書後，便和翰墨結下不解之緣。讀書、寫作不但成了他的興趣，參加徵文比賽更成了他平日不可或缺的娛樂消遣。

兒子對舞文弄墨的熱中，初時我是鼓勵有加，對他有賽必勝的輝煌戰績，也不免沾沾自喜。但隨著他對寫作的愈見投入，我的心情也由喜轉憂。自古以來，文人多是兩袖清風清貧一生，我怕成績優異的兒子走火入魔，自此步入「耽書自笑已成癖，煮字元來不療飢」的不歸路，因此在他升上高中後，縱使先生批評我想法迂腐落伍，我仍斷然對他下達「封筆」的禁止令。

禁令雖下，叛逆期的兒子卻陽奉陰違，在繁重課業與老媽虎視眈眈下，竟然還有本事抱回幾座徵文獎。只是每回參賽，讓他絞盡腦汁的，不是如何創作佳文，而是如何對付胡攪蠻纏的老媽。或許為表達對老媽「扯後腿」的不滿，兒子高中畢業進入大學前，有天特別在我書桌上放了一篇「暗示老媽反省」的文章：

一位馴馬師之子，在題為〈我的志願〉文中，洋灑盡述「自擁馬場」的未來之夢，卻被高中老師以「不切實際」打回重寫。被潑冷水的他，思考數日後，將原文一字不改繳回道：「即便不及格，我也要保留我的夢想。」多年後，該師率隊前往某馬場露營，愕然發現，馬場主人竟是馴馬師之子，不覺羞愧難當道：「過去多年，我不知偷了多少年輕學子的夢，幸虧你能堅持理想，讓夢想成真。」

讀罷該文，我久久不能自已。讓我震撼的，不單是扣人心弦的故事，兒子用中文歪斜寫著的四個大字：「偷夢的人」，更如暮鼓晨鐘，鏗鏘有聲地敲醒夢中人。我這才驚覺到，在為兒子編織似錦前程、幸福未來、坐擁華屋厚祿美夢的同時，我已悄然偷去了他的夢而不自知。

醍醐灌頂後的我，對兒子追求文學之夢不再阻撓。兒子有了我的祝福，在大學終能心無旁騖地選修了「小說」、「劇本」、「新詩」，並陸續在雜誌上發表多篇作品，逐步圓向他的「作家夢」……

掌聲中，瞧見兒子朝我微笑走來，不覺輕喟一聲，慶幸我這「偷夢的人」，已適時把夢還給了他！

名校的迷思

學校對孩子的合適性，遠比學校的名氣要重要的多。

儘管過去「萬般皆下品，唯有讀書高」的觀念已因時代變遷而逐漸式微，讀書也不再被視為通往成功之路的唯一途徑，現代父母卻因囿於「書中自有黃金屋」一根深柢固的思維影響，對子女教育重視的程度，比往昔有過之而無不及。由小學、中學乃至大學，費盡苦心，不惜借貸，也要把子女送入所謂的名校。

然而，就讀名校，究竟是利？是弊？是揠苗助長？抑或激發潛能？是物超所值？還是浪費金錢？以及對孩子本身及家庭造成的衝擊與影響究竟有幾多？這許許多多的前瞻問題，望子成龍、望女成鳳的父母，在千方百計把孩子「弄」進名校前，可曾想清楚弄明白？

對名校，先生和我原本並不迷信，照我們的想法：「只要自己肯上進，讀哪不都一樣？」正因為如此，從幼稚園到初中，我們都讓兒子念家附近的公立學校。直到高中他被分到一所校譽極差（據說學生經常在學校打架鬧事）的學校，我們因顧慮到他的安全，這才接受朋友推薦，讓他報考鄰市一所「名」校，朝六晚五地做起通學生來。

兒子進了高中，名校的壓力立見。排山倒海而來的家庭作業、接二連三考不完的大小考，外加一天七堂課、各種社團活動與社區服務，常弄得他一天睡不到五小時。我們見這樣不是辦法，想找校長溝通，看他能不能把功課減半，卻被好心家長攔阻。「你們大概剛從別的學區轉來的吧，難怪！」一位家長同情地嘖嘖道。另位家長則單刀直入說得坦白：「你們這叫少見多怪！我們學區的學生，從初中起就接受這樣的訓練了，現在不過是小巫見大巫罷了！」

話雖這麼說，見兒子念得那般辛苦，我們仍是心疼不已，本想打退堂鼓，卻意外發現他念得倒是甘之若飴。「雖然過去八年（小學六年，初中兩年）我不用念書就能大小獎一把抓，感覺卻是一無所獲。而今雖鎮日埋首書城仍難爭頭角崢嶸，內心卻充滿潛能得以發揮的喜悅。我真的很喜歡目前有『名師指導、良友砥礪』的學習環境。雖然念得很辛苦，但覺得十分值得。」兒子喜孜孜地說，總算寬了我們的心。而事實證明，經過四年的磨練，兒子往後不但順利進入美國知名度高的杜克大學及哈佛法學院，一切也像倒吃甘蔗愈見香甜。

由兒子之例，可以想見名校之所以凌駕諸多學校，成為家長、學生趨之若鶩的目標，確有它的原因。一般來說，名校的師資優良，教學設備完善，師生人數比率低，學生水準高且齊，沉浸其中，互切互磋，智識必能長進。此外，名校的升學、就業輔導做得比較周全。比方高中名校，常會為學生多開進階課程、主動替學生爭取社區服務機會、帶領學生參加如「科學奧林匹克」等全國性的大賽等。而這些累積的資格、資歷，對學生日後申請著名大學，皆扮演著舉足輕重的角色。

不過，凡事有利必有弊。名校學生因泰半經考試篩選而入，素質水準極高，想要在眾傑中出頭，學生壓力之大可想而知，此為弊一。另則，名校學生因選課繁重，加上各種活動與比賽，很多時候不得不犧牲睡眠、放棄興趣，並減少與朋友交誼、家人相處的時間與機會，此為弊二。此外，名校多數不在住家附近，且私立學校居多，這意味著孩子得多承受舟車之勞，父母則除得負起長途接送之責，還得為不菲的教育費用大費周章，此為弊三也。

選讀名校既是利弊參半，家長究竟該如何取捨？依我淺見，關鍵有三：一是孩子的學習能力；二是孩子的意願；三是父母的配合度。如果孩子能力強、喜歡挑戰（至少要不怕挑戰），且能獲得父母金錢與精神上的支助，上名校絕對是利多於弊。反之，三者只要缺一，父母就必須三思了。畢竟學校對孩子的合適性，遠比學校的名氣要重要得多。

人生不必求完美

人只要活的怡然自得，就算不完美又何妨！

兒子是個完美主義者，從小凡事務求完美，容不得半點瑕疵。譬如寫字，一筆一劃，力求工整不苟；念書，一板一眼，必爭出類拔萃；比賽，全力以赴，非佔鰲頭不可；就連玩遊戲，也是嚴陣以待，只准贏不准輸。

對兒子的追求完美，我們是憂喜參半。喜的是他因求好心切，自我要求高，肯努力，知上進，且能潔身自愛，讓我們在他學業、品德各方面都省心不少；憂的則是他因太過爭強好勝，遇事會因患失躊躇不前，對新鮮事物因沒把握不願輕易嘗試，也因太在意結果而錯失過程的喜樂。

為了不想他小小年紀就承受「求完美」的沉重心理壓力，我和他講了一大堆「只管耕耘、不問收穫」、「人活得快樂比活得完美重要」的大道理，但也不知是我說服力太差，還是他「天生好強難自棄」，儘管我說破了嘴，他依然故我，令我傷透腦筋！

兒子小五那年，我趁家長會之機，就心中憂慮請教他的班導師瓊斯太太。她建議我讓兒子去讀Shel Silverstein寫的《The Missing Piece》（《失落的一角》）。

《失落的一角》是一本童畫書，描繪一個缺角的圓，為求完美而展開尋角之旅。一路上，圓因失落一角滾不快，因而有了與花草蟲蝶交談戲耍的機會。爾後，圓如願找到它失落的角，成了完美的圓，卻因滾動迅捷無法再駐足與花鳥談心反而變得鬱悶不樂。至此，圓幡然而悟：缺角雖不完美，但有希望，還有完美無法臻至的喜悅。於是，它毅然捨棄辛苦尋回的角，滿心歡喜重為跛「角」圓。

「我們做任何事，重在做時的盡心盡力，至於結果成敗得失，都應欣然接受。一味追求自以為然的完美，反會讓我們錯失更多美好的事物，徒增自己的困擾與負擔罷了。」多年來，我不斷以《失落的一角》一書勸說兒子。經過我的長期「洗腦」，兒子追求完美的心雖然至今沒變，但當事情受挫、結果未達他的預期標準時，他已學會坦然接受，不再自怨自艾自責，或質疑自己能力不足、懊惱自己努力不夠，陷自己於不快樂的境地了。

一位牧師曾說過這麼一段話：「人生並非上帝預設的陷阱，誘騙我們失足墜落好予以譴責；人生不是拼字比賽，不論拼對多少，只要拼錯一字，就會被淘汰出局；反之，人生恰似棒球季，不論球隊強弱，球員們只求盡心盡力，期盼贏多輸少罷了。」

人生正是如此，只要盡了本份，活得充實怡然自得，就算不完美又何妨呢？

不急，他會長大的

他照自己的「時間表」成長，我則錯過許許多多原本可以enjoy 他的日子。

緊張焦慮期盼中，電話終於響起。懷著忐忑不安之心，一把抓起話筒。彼端傳來兒子興奮的笑語，我如釋重負地吁了口氣。掛上電話，眼淚潸然而下。是喜悅，是釋然，也是惆悵，若有所失。

都說：「養兒方知父母恩。」此話一點不假。就拿我這老蚌生珠、而立之年喜獲的麟兒來說，他自幼聰穎過人，凡事過目不忘，加上勤奮好強，一路行來諸事順遂，尤其課業更是一帆風順。然而，這個不論學什麼都易如反掌的「資優生」，

「體能」的延緩發展和「拒絕長大」的心態，卻也叫我這做媽的擔透了心。

和許多海外「老大照書養，老二照豬養」的媽媽一樣，我也把「育兒指南」奉為「育兒聖經」，三不五時會拿出「成長表」對照一番。而這一對照，往往讓我對兒子的「與眾不同」——七不坐，八不爬，九不走，十不語，週歲開步「跳」，一歲半以後才會一步兩腳印、四平八穩地「走」——不免「心嚇嚇」。

或許是天生，或許是遺傳，也或許是後天被我們嬌寵而成，IQ高的兒子，EQ和PQ總比同齡孩子要慢上一二年。他三歲時，我們見別的孩子三輪車騎得樂呵呵，也替他買了一台。哪知他小少爺半推半就才坐上車，腳那麼一踩，只聽一聲慘叫，腳趾頭被夾進輪軸中腫得卯大，幸虧經緊急送醫無礙，但嶄新的一輛車，從此便被他打入冷宮。

聽說：「你從哪裡跌倒，就得從哪裡爬起。」小學時，我刻意買了輛腳踏車送他，希望他能重拾信心。但他並不領情，每次被我拉去「練車」，總板著臉出、流著淚回，任憑我怎麼教都教不會。直到初中，他才無師自通，騎著單車滿街飛。十一年級，可以開車了，同學們急著去考駕照，唯獨他無動於衷。十二年級，大夥開著車來去，他一點也不羨慕，仍甘之若飴繼續享受老媽的溫馨接送情。

上了大學，大一住宿，不會開車也罷。到了大二，他對開車仍是興趣乏乏，我開始著急，不免明著暗裡地提點他。但好言相勸，他相應不理；催急了，他又會反彈，母子關係變得劍拔弩張。先生勸我：「耐點性，等他覺得需要，不用妳催，他自然會去開。想想看，從他不會翻身、不會爬、不會扣釦子、不會綁鞋帶，妳擔了多少心，現在不全會了嗎？不急，給他一點時間，他總會長大的。」

聽了先生的勸，我不再提「開車」一事，兒子反倒跟他爸學起車來。練了一陣子，他去考照，結果因「開得太慢」首遭滑鐵盧。我安慰他：「很少人能一次過關！」勉勵他再接再勵。但他因開學在即不願再考，這一擱就是一年。大三暑假，車子已開得不錯的他，鼓起勇氣再去考，誰知考官又以「開得太快」為由沒讓他過關。

兩次扣關未果，對從未受過挫敗的兒子來說，無疑是一大重擊。儘管我以許多朋友「考五六次才拿到駕照」為例，甚至把「國父孫中山先生革命十次才成功」都搬了出來，仍無法說服他「三顧」DMV。這下我急了，頻問先生該怎麼辦？他老兄仍是不上火地說：「不急，給他一點時間，他遲早會拿到的。」

幸如先生所言，兒子大學畢業，趁上法學院前的空檔，自己去請了位開車教練。不到一星期，駕照已在手。兒子取得駕照，了卻我們一樁心事，卸除沉壓在我心頭多年的一塊重石，我自是歡喜。只是在高興同時，也纏結著濃濃的懊惱，後悔過去浪費太多時間和精力在擔心他「長不大」上。結果他照自己的「時間表」成長，我則錯過許許多多原本可以enjoy他的日子。

可憐天下父母心！為人父母者，有誰不希望自己的孩子允文允武、德智體群兼備。然而不幸，或者說幸運的是，每個孩子都是獨一無二的。有的孩子先長心智，有的孩子先長體魄；有的孩子戀戀父母情不願長大，有的孩子嚮往海闊天空亟欲獨立。孰是孰非？莫衷一是。其實只要孩子健康快樂，早早振翅高飛擁有自己一片天地，很好！成長稍慢實在也不必操之過急。孩子總會長大的，我們應該珍惜和他們相處的每一時刻。別到時他們不想、不能陪伴身邊時，才急欲抓回那喚不回的歲月，徒留傷悲！

是該放手的時候了

放手很難很不捨，卻是必經的過程。

站在旅館二樓窗前，我屏氣凝神俯瞰著街道。三月清晨的哈佛廣場，人車稀疏，寧謐中沁著逼人的寒氣。期盼中，熟悉的身影出現，頭戴毛帽，頸繫圍巾，裹得密不透風的身上揹著大書包。十字路前，踽踽獨行的他佇足，兩顆發亮的大眼下意識地朝我們的方向尋來。我舉起手使勁向他揮舞，他沒理會，晨曦樓身顯然遮住了他的視線。不過過隙間，綠燈亮起，踟躕的人兒轉身，往前大步地邁了去，留下悵然若失的我。

恍若才是昨天，大雪紛飛的一個夜裡，一聲娃啼啟開了先生和我生命的新頁。從那刻起，小人兒成了我們生活的重心，主宰著我們的一切。由奶瓶尿布、玩具書本課業球賽、變音戰痘，到交友選校。我們家因有他而忙亂，也因有他而豐實。二十一年來，我們黏如膠漆，暱似焦孟。為了他的不肯離，我們的不捨放，三年多前我們甚至不辭萬里把家搬到他嚮往的大學邊。

也正因為如此，當他執意獨往劍橋哈佛法學院就讀，語氣堅定地對我們說：「是該放手的時候了，你們就放我單飛吧！」時，我是多麼震撼驚懼。曾幾何時，我那長不大的兒子羽翼已豐，不再懼怕巢外風雨橫逆？又是從何時起，躲在我們保護膀下的他，已然生出展翅高飛的勇氣與欲望？鳥兒成長，振翅離巢他飛，另建新巢，這本是生物界延續生命的自然法則。只是慣於雛鳥啾啾的我，如何放得下從未離巢的他？又將如何面對巢空的寂靜？

「他想獨立自主，願意接受挑戰，表示我們階段性任務已圓滿達成，妳應該感到驕傲和高興才對。」見我為兒子即將離家黯然神傷，先生不以為然地勸說著，「人生有捨才有得，捨去兒子的繞膝之樂，換得他織夢的權利、理想的實現，我們何樂而不為？再說我們過去因他暫緩的計劃，這會兒少了牽絆，正可心無旁鶩地去完成，豈不也是樂事一樁？妳何苦戀戀不捨、作繭自縛、自尋煩惱呢？」

自尋煩惱？我有些訝然地怒視先生。平日看他總把兒子捧在手心上養，在這非常時刻，他不去擔心兒子單槍匹馬北上，人生地不熟，萬一有個病痛怎麼辦？不去愁家裡一下子少了三分之一的人口會是多麼冷清寂寞？也不去想今後我們和兒子相隔八百哩路，見面何其不易，思念時該如何是好？反有閒情逸致在此大談他的「計劃」，難不成男人都是如此無情、現實、鐵石心腸嗎？

「放心啦，兒子會活得很好的。他人生才起步，年輕、可塑性高，遼闊的天空正等著他去翱翔哩。」聽我幾頂大帽壓下，先生仍是不急不徐細細地分析：「倒是我們，青春已不再，未來的日子說長不長，說短卻也不短，與其成天鬱悶擔憂、長吁短嘆地，倒不如活得積極灑脫的好。唯有我們過的好，兒子才能心無繫念地往前衝刺，也才會幸福快樂，妳說是不是？」

先生的話聽來甚是有理。只是過去我把心思全放在兒子身上，未曾為「自己」或「回歸兩人世界」從長計議過，如今遽然面對，一時之間不覺茫然不知所措。反觀先生，他倒是胸有成竹，隨口便「列舉」出數種「規劃」：包括回加州開農場；寫武俠小說；闢網站教學授課；或者到海外工作，體驗他國風土人情、觀賞異國山水。「只要妳喜歡，任何形態的生活，我都願奉陪。」先生體貼地說，讓我在憂傷中總算稍獲慰藉，對未來燃起希望之火。

「放手吧！給他單飛成長的機會與祝福。巢空不等於心空，我們有彼此、有朋友又有共同的嗜好與興趣，日子還是很好過的。」先生感性地說。

是嗎？我將目光由他微顫的嘴角再度移往窗外，過街的人兒早已不見了蹤影。只是啊，在我逐漸模糊的淚光中，彷彿又看見那個三歲小男孩，正手舞足蹈地炫耀著幼兒園中學來的兒歌，扯著嗓子口齒不清地唱著：「我永遠是媽媽的小寶貝，即使我已一百零三歲。」

念好英文之我見

它是日積月累的結果，絕非一蹴可及。

美國大學入學所需的SAT測驗，從二〇〇五年春天起，將加考作文，總分也將由數學八百加英文八百的一千六百分，變為數學八百加英文八百加英文作文八百的兩千四百分。英文作文的加考，對英文本來就「一個頭兩個大」的學生來說，無疑雪上加霜；對才來美國沒幾年的新移民學生來說，似乎也成了「不可完成的任務」。

英文，一如中文或其他語言一樣，是一種藝術。既然是藝術，自然得靠幾分天份。這就是為什麼花同樣功夫，有人學得快、有人學得慢的原因。不過，學得慢並不等於學不會、學不好，所謂「勤能補拙」，只要方法用得對，功夫下得深，沒有語言天才、欠缺英文細胞的人，照樣能把英文學得呱呱叫。

我家兒子，或許有那麼幾分語言天份，不論學中、英、法，或西文，總見他學得既快且精。特別是英文，筆下功夫尤其要得。英文好，讓他不論在學校課業、申請學校，或申請獎學金上佔盡上風。兒子英文好，我這老媽禿子跟著月亮走——沾了光，被朋友誤以為「教子有方」，一定有什麼「一分鐘搞定英文」之類的秘方，為了他們的寶貝兒女，特地登門求教。其實天知道，兒子的英文豈是我這半調子英文的人所能調教的出的。不過朋友盛情難卻，我也只好野人獻曝，提供一些兒子小時候學英文的方法和經驗，和大家共切磋。

英文想要說寫流利，最基本也是最重要的，就是單字要記得多。字彙一多，運用起來自然得心應手。不過，背單字是件極其枯燥無味的事，囫圇吞棗的結果也很容易忘，所以一定要使其生動、趣味化。

兒子小時，我們買了一套有磁鐵的二十六個字母，將冰箱充當黑板，將字母貼在其上，變換成不同的單字，每次經過依字意做動作。比方貼上cat，走過時就喵喵叫；dog，汪汪吠；eat，佯裝吃東西。兒子見了覺得很有趣，依樣畫葫蘆，不用特意去背，很快就學會拼字，而且記住後永遠不會忘。

此外，我們替他買了很多crossword puzzle（填字遊戲）和scramble（字母的重新組合，比方aer，正確是ear）的Fun Book（趣味書）；和他玩接龍，例如一人說ear，第二人用r起頭，說ring，看誰拼不出字誰就輸；也鼓勵他參加spelling bee（拼字比賽），以增加他想多認識新單字的動力。

「工欲善其事，必先利其器。」我們從他五歲起，便開始替他買字典。字典由淺顯的買起，初時圖大字大，比方一個紅紅的大蘋果照片，配上斗大的Apple拼字；接下來照片變小，拼字外加上一行造句；再接下來照片沒了，造句外加上音標、字形變化；接著再多加字意的解釋。字典由薄而厚，內容由淺而深。除普通字典外，另添同義詞辭典（Thesaurus）。

我們常說：「集腋成裘，聚沙成塔。」記單字正是如此。它是日積月累的結果，絕非一蹴可幾。所以，不必操之過急，一次非逼自己記下千百字。更忌諱三天打漁、兩天曬網。融會貫通與持之以恆，才是成功學習單字的秘訣。

一如孩子牙牙學語，學會了單字，進一步就要成句。句有雅俗之別，除了要別人能懂外，還得夠「水準」，也就是要能合乎「文法」。就我瞭解，兒子在學校並沒有上正式的文法課。小學時，我檢查他的作業，發現他寫的句子、文章，有些不合文法，有些雖合文法但不夠優美。我試著半中半英地教他，他也試著半英半中地學習，但在半半間，難免出現「張飛打岳飛打得滿天飛」牛頭不對馬嘴的情況發生。我看那樣不是辦法，便去學校請教老師「如何加強孩子的文法能力」，老師建議我到Teachers' Supply專賣店買「文法書」。

先生和我依指示去到Teachers' Supply專賣店，進得店裡，眼睛不覺一亮。那兒的書，從幼兒到高中，由教科書、課外讀物，到參考書，應有盡有。此外還有文具、地圖，以及各式各樣的輔導教材。我們買了幾本適合小學生閱讀的文法教科書，回家交給兒子自己看。他看了很喜歡，放在身邊做參考書。他升上初、高中，我們根據他的程度，又選購了幾套文法教科書給他。雖然他不見得每本書都看，但當他需要時，至少有一管道可查閱到正確的答案。

Teachers' Supply雖是賣教材和教科書的專賣店，但對大眾公開，賣價雖然有些高，但還不至於離譜。它可能是家連鎖店，至少我們住過的幾州，在電話黃頁上都能查到。若是沒有，可請教學校老師，他們或許知道有類似這樣的書店。

擁有豐實的字彙、滾瓜爛熟的文法，接下來就是要能運用成章。文章要寫得好，組織能力很重要。幫助寫好文章的方法，一是博覽群書，二是寫日記。

兒子小時，我們替他訂了《Zoobooks》、《Iighlights》等兒童雜誌。初中以後，替他訂了《National Geography》，高中以後，訂了《Reader's Digest》和《Times》。家中中英文報紙也一直沒斷過。在我想，熟能生巧，「天下文章一大抄，名有巧妙不同」，正所謂：「熟讀唐詩三百首，不會作詩也會吟。」多看書，一則增廣見聞，另則也可在不知不覺中，學到他人的寫作技巧。

寫文章最常犯的一個毛病，就是眼高手低。看別人寫文章好像很簡單，但真要自己下來寫，才發現全然不是那麼一回事。寫日記是種很好的習慣與練習，除了可以鍛鍊一個人的恆心與毅力外，也可以練習文筆的流暢。兒子從幼稚園起就開始寫日記，初時以繪畫代替文字，慢慢才進入文字時代。每年我們都會叫他自己挑一本帶鎖的日記簿。帶鎖，為的是要他有種擁有自己秘密的神秘感。他寫日記，我從不干涉他寫的內容。只在頭幾年，偶爾會提醒他要「提綱挈領，不要記流水帳」。他寫日記的習慣，一直持續到今天。

總之，我們在輔導兒子英文上，唯一做的，就是引起他對英文的興趣，以及提供他不虞匱乏的輔導讀物。教育本來就是一種投資，我們從來不在買書或訂雜誌上省錢。說到買書或訂雜誌，做父母的有兩點必須注意，一是要由淺而深，剛開始最好找些難度不高、讓他們覺得「簡單」的讀物，再慢慢加深難度。千萬不要盡找深奧、令他們倍生挫折的書籍，一下子把他們嚇住就不妙了。二是雜誌訂了、書買了，不要非逼孩子看不可，認為不看就是浪費。想想看，很多時候我們替孩子買昂貴的玩具、衣物，他們還不是玩一會兒、穿幾回，甚至不玩、不穿就丟在一邊。如果我們不覺得玩具不玩、衣物不穿不是浪費，那就更不應該認為買書、訂雜誌不看是種浪費了。

英文的學習，一如前言，是種日積月累的結果，無法一蹴可幾。對即將應考新SAT測驗的朋友，對英文作文的加強，我的建議是：多寫！隨便找些題目，像是你最喜歡的人、物、事等等，找個安靜的地方，在特定的時間內完成。文章寫好後請師長修改。反覆練習的結果，應考時一定有加分作用。正所謂「臨陣磨槍，不亮也光」是也！

超級填充玩具迷

兒子離家後，它們扮演了紓解我「思兒」的角色。

毛茸茸的填充玩具常是美國孩子的最愛，但若論及對它的痴狂與擁有數量之多，全美大概找不出第二人能與我家少爺相比。

兒子對填充玩具的迷史源頭，當追溯到三歲那年的「州博覽會」（State Fair）。那天，小傢伙運氣奇佳，小手隨便一扔，竟贏了個比他還高大的玩具熊。從此，他像著了魔，非但年度「州博覽會」絕不錯過外，更是哪裡有「玩遊戲贏填充玩具」便往哪裡鑽。

在美國，「玩遊戲贏填充玩具」的地方多不勝數，除了博覽會、遊園會、主題公園、室內遊樂場設有「專攤」外，許多商店、超市、披薩店內，也都放有投幣抓填充玩具的專櫃。在兒子「有機必抓」、「有填充玩具的地方就有我」的情況下，家裡的填充玩具愈積愈多。等到我們搬到加州成了賭城常客後，玩具的數量更是成等比級數成長。

九〇年，我們首訪拉斯維加斯賭城，住在「馬戲馬戲」旅館。旅館二樓宛如一個兒童樂園，除有馬戲表演外，並設有近百個「玩遊戲贏填充玩具」的攤位。兒子一見如魚得水，簡直樂歪了。兩天下來，贏得的熊兒、虎兒、獅兒等，正好坐滿一車。

接下來的十年，孝子老爸投其所好，每年至少安排二三次的賭城行。「玩」的版圖也由「馬戲馬戲」拓展到賭城所有附設有「玩」的賭場旅館。而每回去，兒子總不負「己」望「滿載」而歸。有一次甚至因太多車子裝不下，不得不交付UPS（美國包裹服務公司）托運回家。

對兒子沉浸的「嗜好」，我雖不像老公般熱心，甚或推波助瀾，但也並不反對或阻止。孩子的童年只有一次，只要能帶給他歡樂的事物，我這做媽的自然樂觀其成。更何況好勝儉樸的兒子，為以最少金錢贏得最多玩具，玩前學會「三思而後行」，除非有十足把握絕不輕易「試身手」。而在幾番遊戲中，他也瞭解到「勝敗乃兵家常事」，贏固可喜，輸了也「沒什麼大不了的」。這些由遊戲中獲得的訓練與體驗，使得他在成長過程中，凡事不強求、能克制己欲、遇挫折不氣餒而能馬上bounce back。

經過十多年的「東征西討」，外加親友饋贈及自購，兒子的填充玩具蒐集至今已近萬個。若說「玩」帶給他歡樂與成就感，蒐集的填充玩具則恍若他的「日記」，忠實記下他過去的歡樂時光。比方：黑白相間的熊貓是週歲時外曾祖父由北京寄達的生日禮物，藍身白肚的魚球（fish ball）是和老爸、老媽遊香港時買的，紅帽白鬍聖誕老人是小一在台灣就讀時姑姑送的，有兩顆大白牙的海象是小五和同學遊聖地牙哥海洋世界時買的，五彩繽紛的玩具球是在北卡州博覽會玩「投籃」時贏的，一人半高、兩人半胖的大怪獸Taz（Tasmanian Devil）是在加州博覽會玩「套瓶」贏的獎，一臉慧黠的史奴比是在南加Knott

Berry Farm「擲鏢」得的戰利品，成百上千造型不一的玩具熊是多次前往賭城度假分別由CircusCircus（馬戲馬戲）、Excalibur（石中劍）、Luxor（金字塔）、MGM Grand（米高梅）、Caesars Palace（凱撒宮）等賭場旅館帶回的紀念品……

正因為每個填充玩具和兒子都有一段淵源，與他的過去有著密不可分的關係，多年來儘管家裡的地盤由客房、臥房、書房、客廳到主臥室，一點一點被它們進佔，在他和他老爸「密切關注」下，我始終不敢有棄它們於不顧，或替它們另覓主人的「非份之想」。好在就在我計窮不知如何安排下個新進成員時，兒子的嗜好由「玩」轉向了「為文作詩」，幾片光碟片解決所有詩文「宿」的問題，總算讓我吁了一口氣。而那些伴著兒子一路走來、讓我為它們「居所」傷盡腦筋的填充寶貝們，在兒子離家外地求學期間，反倒扮演了紓解我「思兒」的角色。

回首移民路

可謂笑中有淚、淚中有笑。

六月，鳳凰花開、驪歌聲起、莘莘學子歡喜迎畢業的時節。奈何天公不作美，麻州劍橋市連日陰雨霏霏，六月九號哈佛大學畢業典禮當日，天空更是下起傾盆大雨。

大雨滂沱下，我穿著雨衣，緊握錄影機，穿梭在傘海中，追逐著兒子的身影。鏡頭中，兒子昂首闊步走向講台，由法學院院長手中接過畢業證書。剎那間，我百感交集，熱淚混著冷雨，順著面頰、衣襟、沁入我悸動的心脾。

彷若才是昨天，少婦不知愁滋味的我，滿懷憧憬來到新大陸，原本以為趁陪讀之機遍遊美國名山勝水後，即可和頂著「洋博士」光環的老公「衣錦還鄉」。哪知事與願違，過客落地生根，命運給了我一個很不一樣的人生。

話說來美後，先生一頭鑽入課業，「遊山玩水」頓成泡影。無親無友，沒身份無法工作的我，在空蕩的小屋中整整窩了三年。伴我熬過那段苦澀日子的，是新創刊的《世界日報》、我手中的紙筆，以及期盼「風光返鄉」的絢爛願景。

左等右盼，先生終於學成，但卻銜父母命繼續留在美國，嫁雞隨雞的我在慨嘆奈何之餘，也只能「夫唱婦隨」。先生做事謹慎多慮，為怕「失業」，他像三窟狡兔，不斷以換工作來保工作。「逐工作而居」的遊牧生活，從此與我如影隨形。搬遷、適應新環境、結交新朋友，也成了我持續必須面對的挑戰。

異域討生活固然不易，孤軍奮戰的孤寂與無助，更叫人難以啃嚙。先生和我的家人都在台灣，我們在美一切，不論好壞喜樂憂苦，全得由我們自己承受。曾經，我們獨自迎接小生命的誕生；曾經，我們被困在大雪紛飛的公路上求助無門；而當我躺在手術台上，門外擔心等著的，也只有形單影隻的先生！

為了掙脫孤寂與思鄉情切，居美期間我曾屢興「不如歸去」的念頭，但每每皆因思及我們華路藍縷好不容易闖出的一點天地，於心不忍也不甘而作罷。爾後，隨著我們在美待的時間愈久，根扎得的愈深，我們也就愈像過河的卒子，縱使想回頭，又豈是一個「難」字了得。尤其在有了孩子後，回家之路更遙不可及！

獨在異鄉為異客的寂寂歲月裡，帶給我們最大欣慰與歡樂的，莫過於兒子的誕生和陪伴他一塊成長的過程。如果說我們留在美國真有所值，那就是替兒子提供了一個良好的成長環境。美國一般來說，大環境潔淨，居家寬敞幽靜舒適。美國多元化與啟發性的教育，也讓不必受惡補之苦的兒子如魚得水。看見兒子無憂無慮快樂地成長，離鄉背井所受的委屈和辛酸，總算稍稍得到些微的補償。

時光荏苒，轉眼三十年過，當年青絲少婦已成白髮老嫗，老嫗夢魂牽繫的家園也因父母離世而黯然失色。而今驀然回首移民路，我此刻的心境，一如大雨滂沱中觀看兒子上台領畢業證書，艱困中充滿希望，挫折中懷抱期盼，苦澀中則透著喜悅，可謂笑中有淚，淚中有笑。

PF0066

新銳文創
INDEPEDENT & UNIQUE

菁英教養獨門秘訣
——一位哈佛生母親的手札

作　　者　幽　蘭
責任編輯　林千惠
圖文排版　蔡瑋中
封面設計　陳佩蓉

出版策劃　新銳文創
發 行 人　宋政坤
法律顧問　毛國樑　律師
製作發行　秀威資訊科技股份有限公司
114 台北市內湖區瑞光路76巷65號1樓
電話：+886-2-2796-3638　傳真：+886-2-2796-1377
服務信箱：service@showwe.com.tw
http://www.showwe.com.tw
郵政劃撥　19563868　戶名：秀威資訊科技股份有限公司
展售門市　國家書店【松江門市】
104 台北市中山區松江路209號1樓
電話：+886-2-2518-0207　傳真：+886-2-2518-0778
網路訂購　秀威網路書店：http://www.bodbooks.com.tw
國家網路書店：http://www.govbooks.com.tw

出版日期　2011年11月　初版
定　　價　250元

Printed in Taiwan

國家圖書館出版品預行編目

菁英教養獨門秘訣：一位哈佛生母親的手札 / 幽蘭著. --
初版. -- 臺北市：新銳文創, 2011.11
面； 公分. -- (社會科學；PF0066)
ISBN 978-986-6094-23-1(平裝)
1. 親職教育 2. 子女教育

528.2 100014831

讀者回函卡

感謝您購買本書，為提升服務品質，請填妥以下資料，將讀者回函卡直接寄回或傳真本公司，收到您的寶貴意見後，我們會收藏記錄及檢討，謝謝！

如您需要了解本公司最新出版書目、購書優惠或企劃活動，歡迎您上網查詢或下載相關資料：http:// www.showwe.com.tw

您購買的書名：________________________________

出生日期：________年________月________日

學歷：□高中（含）以下　□大專　□研究所（含）以上

職業：□製造業　□金融業　□資訊業　□軍警　□傳播業　□自由業

□服務業　□公務員　□教職　□學生　□家管　□其它_____

購書地點：□網路書店　□實體書店　□書展　□郵購　□贈閱　□其他

您從何得知本書的消息？

□網路書店　□實體書店　□網路搜尋　□電子報　□書訊　□雜誌

□傳播媒體　□親友推薦　□網站推薦　□部落格　□其他__________

您對本書的評價：（請填代號　1.非常滿意　2.滿意　3.尚可　4.再改進）

封面設計____　版面編排____　內容____　文／譯筆____　價格____

讀完書後您覺得：

□很有收穫　□有收穫　□收穫不多　□沒收穫

對我們的建議：________________________________

____

____

____

請貼
郵票

11466
台北市內湖區瑞光路 76 巷 65 號 1 樓

秀威資訊科技股份有限公司 收

BOD 數位出版事業部

(請沿線對折寄回,謝謝!)

姓　　名:＿＿＿＿＿＿＿＿　年齡:＿＿＿＿　性別:□女　□男

郵遞區號:□□□□□

地　　址:＿＿＿＿＿＿＿＿＿＿＿＿＿＿＿＿

聯絡電話:(日)＿＿＿＿＿＿＿＿　(夜)＿＿＿＿＿＿＿＿

E-mail:＿＿＿＿＿＿＿＿＿＿＿＿＿＿＿＿